La fe de los hispanos

LA DIVERSIDAD RELIGIOSA DE LOS PUEBLOS LATINOAMERICANOS

Claudio M. Burgaleta, SJ

One Liguori Drive ▼ Liguori, MO 63057-

Imprimi Potest:
Harry Grile, CSsR
Provincial de la Provincia de Denver
Los Redentoristas

Publicado por Libros Liguori
Liguori, MO 63057-9999
Para hacer pedidos llame al 800-325-9521.
www.librosliguori.org

Library of Congress Cataloging-in-Publication Data

Burgaleta, Claudio M.
La fe de los hispanos / Claudio M. Burgaleta.
pages cm
ISBN 978-0-7648-2086-1
1. Catholic Church—Latin America. 2. Latin America—Religious life and customs. I. Title.
BX1426.3.B87 2013
282'.8—dc23
2013010848

p ISBN: 978-0-7648-2086-1
e ISBN: 978-0-7648-6828-3

Las citas bíblicas son de La Biblia Latinoamericana: Edición Pastoral (Madrid: San Pablo, 2005). Usada con permiso.

Libros Liguori, una corporación sin fines de lucro, es un apostolado de los Padres y Hermanos Redentoristas. Para más información, visite Redemptorists.com.

Impreso en Estados Unidos de América
17 16 15 14 13 / 5 4 3 2 1
Primera edición

Para mi amigo el Dr. Mario J. Paredes, latino universal,
en admiración y gratitud
por su servicio a la palabra de Dios y la Iglesia
en las Américas

Índice

Introducción 7

Primer capítulo:
Los rasgos comunes del catolicismo latinoamericano . . 13

Segundo capítulo:
El Caribe 39

Tercer capítulo:
México y Centroamérica 55

Cuarto capítulo:
Los países Bolivarianos 67

Quinto capítulo:
Brasil y el Cono Sur 81

Epílogo:
Algunas sugerencias pastorales 95

Primer apéndice:
La población latina de Estados Unidos 98

Segundo apéndice:
Patronas Marianas latinoamericanas 99

Tercer apéndice:
La Iglesia latinoamericana en cifras 100

Términos importantes 103

Recursos para seguir aprendiendo 109

Introducción

La explosión de presencia de católicos de descendencia latinoamericana en los Estados Unidos, ya sea por inmigración o principalmente por nacimiento en el propio país, ha transformado por varias décadas la faz del catolicismo norteamericano. Mientras que el grupo latino más numeroso en 2011 era el de descendencia mexicana (el 66% de todos los hispanos en Estados Unidos o unos 31.7 millones), otros grupos de latinos son mayoría o minoría significativa en ciertas partes de los Estados Unidos (Véase el Primer apéndice: La población latina de los Estados Unidos). Por ejemplo, según un estudio de 2011 del Centro Hispano PEW, la concentración más numerosa de latinos en la región metropolitana de la Ciudad de Nueva York y el Noreste del estado de Nueva Jersey es de puertorriqueños (1,192,000), sin embargo, la zona también cuenta con un número significativo de dominicanos (799,000), mexicanos (502,000), salvadoreños (187,000), cubanos (130,000), y guatemaltecos (85,000), por mencionar solamente algunas de las nacionalidades más numerosas representadas en esta parte del país.

La población hispana de Estados Unidos no es monolítica, aunque no hay que perder de vista el lenguaje común y la fe cristiana que los une. Las diferentes culturas, historias y expresiones religiosas de los católicos latinoamericanos merecen una respuesta diferenciada de parte de aquellos que buscan entenderles y servirles en la Iglesia. Como una ayuda a ese fin, este manual es una introducción básica tanto a las características comunes como a las diferencias de la manera en que nuestras hermanas y nuestros hermanos de origen latino practican su catolicismo.

Nuestra meta es ayudar, tanto a latinos como a "anglos" que se encuentran con la muchedumbre de católicos latinos a adquirir un marco de referencia para entender y apreciar el catolicismo latinoamericano, para así responder mejor a los retos pastorales y a las oportunidades que esa riqueza y variedad presentan.

Método

Escribo este libro como sacerdote jesuita cubano-americano que ha viajado extensamente por Latinoamérica. También he colaborado en diferentes grupos de católicos latinos en el ministerio parroquial, tanto en la parte oriental como occidental de los Estados Unidos, dando retiros y dirigiendo programas de formación pastoral; además de enseñar Teología y pastoral hispana en la universidad y de haber escrito varios libros de Teología en español para servir a esta creciente población de la Iglesia en Estados Unidos.

Este manual es un ejercicio en Teología pastoral, es decir, en aquella rama de la Teología que más directamente se preocupa por la vida cristiana y sus prácticas, y a la cual interesa poner en contacto de la manera más eficaz posible el mensaje cristiano tanto con creyentes como con no-creyentes. Por lógica con lo anterior, podemos decir que los teólogos pastorales le dan una atención más enfocada y pronunciada a la evangelización que los teólogos sistemáticos o dogmáticos, cuyo énfasis radica en la inteligibilidad de la fe como tal. Los teólogos pastorales suelen escribir acerca de la Homilética o la predicación, la catequesis o la educación religiosa, la espiritualidad, la consejería y la liturgia.

Dado que todas estas especializaciones de la pastoral tienen la preocupación común de cómo comunicarse con su audiencia, es lógico que nuestro manual sobre cómo los latinos practican su fe católica, sea de interés particular para la Teología pastoral. Con frecuencia los teólogos pastorales incorporan las conclusiones de la historia y de las ciencias humanas para entender los signos de los tiempos o las importantes circunstancias de nuestro tiempo, todo lo anterior tiene un impacto en la manera en que el cristianismo se practica y cómo debería vivirse con más coherencia. Aunque este manual no es un estudio histórico o socio-científico del catolicismo latinoamericano, sí empleamos los resultados de esas disciplinas (y los de la Teología también) para entender la fe viva de los latinoamericanos hoy en día, para entender también cómo esa fe influye en la vida de millones de católicos hispanos en Estados Unidos y, para entender, por último, los retos y oportunidades que esto supone para el clero y para otros agentes pastorales que buscan servirles.

Organización

Comenzamos nuestra introducción al catolicismo latinoamericano con una mirada a los rasgos comunes que comparte la mayoría de católicos latinos. Estos incluyen un rico matrimonio entre la fe cristiana y las culturas locales y autóctonas (europeas, amerindias, africanas y asiáticas), un énfasis en las relaciones personales y en la familia extendida, y también una fuerte tradición de religiosidad popular, solamente por subrayar algunos de los elementos que exploraremos en el primer capítulo. Los siguientes cuatro capítulos enfocarán las diferencias regionales del catolicismo latinoamericano. En concreto, nos fijaremos en el catolicismo del Caribe, de México y Centroamérica, de los países bolivarianos del norte de los Andes, y de Brasil y el Cono Sur del continente. Como conclusión, presentaremos en el Epílogo algunas sugerencias pastorales para la Celebración y para afrontar eficazmente las oportunidades y los retos que la variedad de catolicismos latinoamericanos nos presentan en Estados Unidos hoy en día. Al final de cada capítulo se encontrará una serie de preguntas que pretenden ayudar al lector a reflexionar y a apropiarse del material presentado a la luz de sus propias experiencias, ya sea individualmente o en grupo. Incluimos también, al final del libro, una lista de términos importantes y recursos para seguir aprendiendo acerca del rico mundo del catolicismo latinoamericano.

En cien páginas uno no puede hacerlo todo. Por tanto, confesamos que hay omisiones en esta introducción al catolicismo latinoamericano. En primer lugar no hemos hecho un repaso comprensivo de cada país latinoamericano; sino que presentamos un perfil de algunas de las características singulares y determinantes de los catolicismos regionales encontrados en América Latina. De esta manera esperamos aportar una semblanza de cómo es el catolicismo en esas regiones del continente. Nuestro enfoque ha sido en los catolicismos influenciados por la lengua y cultura de España. Falta un tratamiento de los catolicismos en Haití, Belice, Jamaica y las Antillas Menores. Sin embargo, incluimos el catolicismo brasileño, aunque su lengua y su cultura no son hispanas sino lusitanas, lo hacemos, dadas sus dimensiones y su numerosa población católica. La población católica de Brasil, la más numerosa del mundo, ha tenido y continuará teniendo una importante influencia en los otros países del continente. Uno no puede esperar entender el catolicismo latinoamericano contemporáneo sin una apreciación del catolicismo brasileño.

¿Y el catolicismo hispano de Estados Unidos?

Desde los años 70 del siglo pasado los católicos hispanos en Estados Unidos han desarrollado un tipo de catolicismo diferente de los demás catolicismos latinoamericanos examinados en este libro. Es un catolicismo que se ha preocupado más por su carácter cultural distintivo en un país que no es ni católico ni hispano. Este catolicismo latino-norteamericano también ha sido marcado por la opresión y el estigma de la discriminación socio-económica que sufren tantos hispanos en Estados Unidos. Además, el catolicismo hispano-norteamericano ha prestado atención a ciertos fenómenos norteamericanos como el feminismo y las experiencias de otros grupos étnicos, incluyendo a los muchos grupos latinoamericanos que se encuentran en los Estados Unidos. Esta distintiva identidad religiosa se fraguó en los años 70 y 80 del siglo pasado con la ayuda de los obispos norteamericanos. Ellos convocaron a una serie de cuatro reuniones nacionales de católicos hispanos en Estados Unidos llamados *Encuentros* y aprobaron en 1987 el Plan Nacional de Pastoral Hispana, fruto de una de esas reuniones nacionales. Con el trabajo de organizaciones nacionales de pastoral hispana y la producción intelectual de los teólogos católicos hispanos de Estados Unidos, una identidad católica hispana común nació en Estados Unidos en los años 80. Existe una abundante literatura que describe y documenta este quinto tipo de catolicismo latinoamericano, especialmente sus características méxico-americanas. Por razones de espacio no le dedicaremos mucho tiempo en este volumen a ese asunto en concreto. Sin embargo, en el capítulo acerca del catolicismo caribeño, sí cubrimos la experiencia religiosa de los puertorriqueños y cubanos en Estados Unidos porque son significativamente diferentes de aquellos de los puertorriqueños y cubanos en sus países nativos.

Otra razón para enfocarnos en el catolicismo hispano de Estados Unidos es el hecho mismo de que este catolicísimo parece deshilacharse. En los años 90 y en la primera década del nuevo milenio se ha venido desvaneciendo la inercia de la identidad católica hispano-norteamericana. Agentes pastorales hispanos consultados por los obispos norteamericanos antes de publicar su documento de 2003 sobre la pastoral hispana, *Encuentro y Misión* (Apéndice ##3, 6, 8), han sonado la alarma sobre el porvenir de esa identidad común católica hispano-norteamericana. Señalaron varios factores que explican ese desvanecimiento, entre otros: una falta de continuidad y consistencia en la pastoral hispana y la complejidad de la población hispana en Estados Unidos, que continúa creciendo por la inmigración. Queda por ver cómo el catolicismo hispano de Estados Unidos se desarrollará en el nuevo milenio. Sin embargo, lo que parece bastante asegurado es que su variedad está creciendo y haciendo que la pastoral hispana en Estados Unidos sea más retadora y rica que en el pasado.

1

LOS RASGOS COMUNES DEL CATOLICISMO LATINOAMERICANO

Introducción

No hay que ser muy observador para notar la diferencia entre un dominicano y un argentino, o para caer en la cuenta de que una chilena es diferente de una mexicana, tanto en su apariencia como en su acento y herencia. Sin embargo, a pesar de estas diferencias obvias, los aproximadamente 393 millones de católicos latinoamericanos, 36% de los 1,000 millones de los católicos del mundo, tienen mucho en común. En primer lugar, y aun cuando 185 millones latinoamericanos hablan portugués como su primera lengua, la mayoría de nosotros compartimos la lengua común de la "Madre Patria, España". Y, aunque ese español tiene una variedad de dialectos y acentos, posee una integridad básica que crea un fuerte lazo entre los latinoamericanos. Otro elemento a tomar en cuenta es que también y muy notoriamente compartimos la misma fe católica.

En este capítulo se exponen algunos de los rasgos comunes del catolicismo latinoamericano. Comenzando con la similar historia colonial y republicana que comparten tantos países del continente, examinaremos el *catolicismo popular* que nació de esa historia y que aún hoy simboliza una expresión vital de la fe cristiana de tantos y que podría decirse que es la característica que más define al catolicismo latinoamericano. Concluimos con algunos de los retos que todas *las iglesias particulares* del continente parecen enfrentar hoy en día.

La Herencia Común de la Iglesia Colonial

Las iglesias particulares de América Latina y el Caribe comparten no solamente una misma fe cristiana, sino también una misma cultura, estructura e historia eclesiástica determinada por España y Portugal, los poderes coloniales que por más de trescientos años dominaron la región. Para facilitar la evangelización del vasto continente, la Santa Sede cedió a las Coronas Española y Portuguesa la supervisión y responsabilidad directa del establecimiento de la Iglesia en el Nuevo Mundo. Este arreglo bendecido por la Santa Sede y controlado y financiado por los reyes portugueses y españoles, se conocía como el *Real Patronato* o, en portugués el *Real Padroado*, o tutela real sobre el Nuevo Mundo.

La cultura en la cual el Patronato funcionaba reflejaba las características de Europa medieval que se destacaban por una serie de grupos socio-económicos jerárquicamente subordinados a las Coronas Española o Portuguesa, que los gobernaban de forma paternalista. La Iglesia estaba presente en todos los estamentos de la sociedad colonial. La América Latina colonial no fue ni una sociedad capitalista ni una sociedad feudal, más bien se ha descrito como *sociedad corporativa*. En esta diversos grupos de personas se organizan en cuerpos sociales que tienen una identidad jurídica y que son protegidos por el gobierno. Por ejemplo, el ejército, los diferentes gremios, los españoles, los amerindios, todos podrían considerarse cuerpos sociales o corporaciones de la sociedad colonial latinoamericana. Cada corporación disfrutaba de sus privilegios y derechos que le eran otorgados por la Corona. Las relaciones entre la Corona y los diferentes cuerpos sociales eran similares a las de una familia, donde el rey, como el padre de familia, se preocupa por el bienestar de toda la familia y por el bien particular de cada miembro de esta. La Iglesia colonial latinoamericana era el ejemplo clásico de tal cuerpo social colonial, con su propia jerarquía o estamentos, de tal manera que había un clero alto y bajo.

En realidad el paternalismo benévolo de la sociedad colonial latinoamericana estaba minado por la corrupción institucionalizada que se manifestaba en los dilatados sobornos y otras maniobras políticas para conseguir privilegios, favores y posiciones de la y en la administración colonial. Esta relación de patrón-cliente era duplicada en todas las esferas de la sociedad colonial. Uno era patrón de sus subordinados en la jerarquía del grupo al cual pertenecía y de igual manera uno era cliente de sus superiores en esa misma jerarquía. Lamentablemente, la Iglesia colonial que reflejaba esa sociedad, no era diferente. Por ejemplo, los amerindios eran los clientes del sacerdote quien administraba la doctrina o parroquia indígena. Él cobraba por sus servicios y la celebración de los sacramentos y otras ceremonias religiosas que se convirtieron en algo similar a un intercambio comercial.

El sacerdocio en los tiempos coloniales se convirtió para muchos en una carrera profesional y no en una vocación. No cabe duda de que hubo ejemplos resplandecientes de santidad, compromiso evangélico y eficiencia en la evangelización de los amerindios. Por ejemplo, los obispos Vasco de Quiroga y Bartolomé de las Casas, O.P. de México, por nombrar solamente dos, y otros grandes obispos proféticos del período colonial, o quizás la luz más brillante del esfuerzo colonial en la evangelización, las famosas reducciones jesuitas del Cono Sur del continente. Sin embargo, los abundantes ejemplos de legislación de concilios provinciales eclesiásticos durante la Colonia contra la simonía clerical y el abuso clerical de los amerindios, confirman que la realidad de la Iglesia se parecía más a la sociedad colonial (en vez de distanciarse de ella) en cuestiones de corrupción y abusos de los amerindios.

Al final del período colonial, la Iglesia en América Latina era cualquier cosa menos monolítica. El historiador Jeffrey

Klaiber, S.J., profesor de la Pontificia Universidad Católica del Perú, la describe como pequeños núcleos de católicos practicantes y una gran masa de cristianos que estaban vagamente identificados con el catolicismo a través de ciertos signos externos y prácticas piadosas. En el campo y otras remotas regiones como las montañas y la selva, los sacerdotes diocesanos eran figuras solitarias, formalmente obedientes, pero en la práctica acostumbrados a vivir su vida, con frecuencia en concubinato y desarrollando otras actividades nefarias prohibidas por la Iglesia. El desarrollo humano e intelectual de este clero era bien bajo, igual que su prestigio social. Sí existía un clero mejor educado y socialmente prominente de las clases altas y medias o que era extranjero. La escasez de clero significaba que la mayoría de los católicos practicaban su fe sin mucho contacto con los representantes oficiales de la Iglesia. Las cofradías o hermandades, y no la parroquia, eran la célula básica del catolicismo latinoamericano de este período.

Klaiber destaca otras flaquezas del panorama eclesiástico al final de la Colonia. Primero, subraya la falta de competencia religiosa de otros grupos cristianos, como pasó en el norte de Europa después de la Reforma Protestante. Esto supuso que el catolicismo colonial latinoamericano no desarrolló una identidad internalizada fuerte entre los fieles. Se daba por supuesto que ser miembro de la sociedad civil era ser católico también. No había un sentido de que serle fiel a la Iglesia era una parte integral de la fe cristiana. La Iglesia colonial latinoamericana promovió prácticas religiosas que eran individualistas y escasamente asociadas con la Iglesia oficial.

Hoy en día, como en el pasado, la Iglesia oficial celebra misas por todo tipo de ocasiones oficiales, tanto cívicas como religiosas, como el día de la independencia nacional o la fiesta patronal del país o de la localidad, a la cual asisten muchos representantes oficiales civiles como eclesiásticos y una gran masa del pueblo. Esta participación es más bien formal que realizada por devoción. En los tiempos coloniales las verdaderas prácticas religiosas ocurrían en las cofradías, hermandades y en las muchas otras expresiones del catolicismo popular como las procesiones o peregrinaciones a santuarios locales. En estos espacios más privados de las cofradías, uno encontraba un espíritu religioso más sentido que en las ceremonias de la Iglesia oficial.

Esto generó el fenómeno persistente y preocupante de lo que Klaiber llama "el criollismo" o "la ética *criolla*". El ideal propuesto por la Iglesia y sancionado por el gobierno era respetado por todos. Sin embargo, la práctica de muchos era divorciada de esa norma oficial, llevando a una corrupción e hipocresía bien extendida. El ejemplo clásico y lamentablemente bien difundido es el concubinato de muchos hombres casados en la Iglesia. Además esta ética criolla ha tenido efectos maléficos en el sentido de nación como tal y en el mundo del comercio, de la política y del servicio público. Falta el sentido del Bien Común y de la obligación que cada uno tiene de cuidar del mismo en estos campos y es remplazado por la lealtad a la familia, a los amigos y al partido político de cada cual. Estos se convierten en algo sagrado para la persona y su traición es considerada el más grave de los pecados. Muchos que violaban o violan las normas de la Iglesia se consideran católicos y se justifican diciendo que "Soy católico, pero no practicante". Esta doblez se puede entender como una extensión a la resistencia pasiva a las leyes civiles, manifestada en la corrupción bien extendida, que data de la Colonia.

Klaiber correctamente observa que valores que no son adoptados libremente y que son impuestos, rápidamente pierden su poder de influenciar la conducta de las personas, especialmente cuando los controles sociales que los imponían cesan de existir. Sin embargo, el panorama de hipocresía cívica y religiosa que caracterizó y caracteriza América Latina no es tan pesimista como a primera vista. Después de la independencia, la Iglesia tuvo que ser creativa, dadas las nuevas circunstancias sociopolíticas en las cuales se encontraba. Parte de la respuesta de esta ha sido el desarrollo de un mayor sentido de identidad y vocación cristiana entre sus miembros, que se manifiesta en grupos cristianos comprometidos con una mayor sensibilidad para vivir una moralidad coherente, tanto social como personal.

La Iglesia latinoamericana después de la Independencia

Klaiber identifica seis fases o períodos que la Iglesia latinoamericana atravesó después de la Independencia. No se trata de períodos cronológicos, sino de fases evolutivas que permitieron que características de períodos anteriores subsistieran en períodos posteriores, aun cuando el tenor de la nueva fase es cualitativamente diferente de la que lo precede. Además, se entiende que los distintos contextos nacionales a lo largo del continente permiten que estas fases se puedan haber dado con variantes locales significativas. No obstante, estas seis fases que a continuación se presentarán facilitan una mirada global de los procesos históricos que se dieron, con frecuencia -y de manera bien dilatada- en muchas partes de América Latina después de la Independencia.

La primera fase abarca de 1821 a 1855 y representa una de crisis y restauración. La Iglesia sufrió varias crisis después de la Independencia, sin embargo, no perdió su estatus privilegiado en la sociedad. Se empobreció económicamente, si se compara esta situación con la que privó en la Colonia. Los nuevos gobiernos republicanos llenaron los vacíos creados por el patronato real. Esto provocó en su jerarquía una crisis que llevó a un período que duró entre 15 y 20 años durante los cuales muchas diócesis estuvieron vacantes. Los gobiernos liberales también buscaron reformar las órdenes religiosas, cerrando muchas de sus casas y forzando a los religiosos a adoptar la forma de vida del clero diocesano.

Los primeros gobiernos liberales no eran anti-religiosos

como tales. Más bien, buscaban controlar a la Iglesia y ponerla al servicio de las nuevas repúblicas latinoamericanas. Se declaraban en contra de la intromisión de la Santa Sede en la vida de las iglesias locales pues lo consideraban una intromisión extranjera en los asuntos domésticos, sin embargo, aceptaron el oficio del Papa como un símbolo de unidad para los creyentes. Las nuevas constituciones ratificaron el lugar de la Iglesia Católica en las nuevas repúblicas, dándole el estatus único de religión oficial y protegida. El diezmo eclesiástico se mantuvo como en tiempos de la Colonia. En los años 30 del siglo XIX los obispos comenzaron a regresar y los caudillos reconocieron el papel estabilizante que la Iglesia ejercía en la sociedad. Unos veinte años después de la Independencia, la Iglesia estaba casi restaurada, aunque era una institución más conservadora que antes. En el campo los sacerdotes continuaron colectando las primicias de la cosecha anual y ejerciendo una influencia sobre la vida diaria como si la independencia no hubiera ocurrido.

Una segunda fase de la vida post-colonial de la Iglesia es llamada la de la Iglesia militante (1855-1930). Comenzando a los mediados de los años 50 del siglo XIX, los liberales actúan de manera más abiertamente anticlerical. Buscan eliminar los privilegios restantes de la Iglesia (como el diezmo y establecer aparte cortes eclesiásticas para los clérigos), además de cortar todos los vínculos entre el Estado y la Iglesia. Mientras que estos cambios radicales no fueron adoptados universalmente en el continente, los liberales más anticlericales tuvieron éxito aprobando leyes que secularizaron los cementerios, se instituyó el matrimonio civil para los que no fueran católicos, el derecho al divorcio y la libertad de culto. La nueva cultura positivista que fue abrazada por muchas de las clases altas y medias puso el catolicismo y, en general, toda forma de tradición, en el concepto de "retrasado" y "fanático", "tropiezo" para el progreso. Se da un cierto patrón entre las familias más acomodadas donde esposas e hijas siguen practicando la fe, mientras esposos e hijos son indiferentes. Grupos religiosos anti-católicos y movimientos seculares como el protestantismo, la masonería y el anarquismo se hacen populares y más agresivos en sus ataques contra la Iglesia.

La respuesta de la Iglesia a estos ataques fue volverse más militante. Los obispos buscaron a laicos que defendieran a la Iglesia en el campo público y limitaran el impacto de sus enemigos en la arena política. La Iglesia bendijo a partidos políticos y públicamente apoyó a candidatos que consideró protegían sus intereses y privilegios. Además, se reforzaron los vínculos con el papado, y el Papa se convirtió en símbolo de resistencia ante el liberalismo y muchos otros movimientos anti-católicos del momento. Se invitó, del extranjero, a nuevas órdenes religiosas para responder a las necesidades urgentes en el campo de la educación y de la pastoral, especialmente las muchas parroquias abandonadas en zonas remotas. Se estableció la prensa católica para divulgar el punto de vista de la Iglesia y atacar a proyectos liberales. Floreció una nueva religiosidad militante con el fin de frenar la indiferencia religiosa y el racionalismo, columnas del liberalismo intolerante, un ejemplo de esto lo representa la devoción al Sagrado Corazón de Jesús, encargada a los jesuitas.

Una tercera fase que vivió la Iglesia después de la Independencia se conoce como la del Laicado Militante (1930-1955). Durante este tiempo la Iglesia cuenta más con los laicos para defender y servir de portavoz de la causa católica. En particular el movimiento laico de clase media, Acción Católica, jugó un papel clave en promover el programa de los obispos en la arena pública. La Acción Católica ayudó a los católicos laicos a desarrollar una conciencia social y política basada en la visión católica del mundo, aun cuando esa conciencia fue motivada por razones defensivas. A diferencia de la actitud de la Iglesia ante un mundo hostil en el pasado, la Acción Católica buscó entender al mundo. Desarrolló lo que el sociólogo Iván Vallier llamó "una mentalidad misionera". Esta mentalidad estudió a sus rivales para mejor oponerlos y ganarse a los católicos que se habían pasado a sus filas.

En general, este fue un período de retiro para la Iglesia frente a grupos que consideraba hostiles como el protestantismo y los liberales anti-católicos. Su respuesta fue crear una alternativa a un mundo que era crecientemente más hostil a ella. Respondió con sus propias instituciones educativas, organizaciones, partidos políticos, cofradías y procesiones. El legado intelectual de la Iglesia en este período fue más débil, en parte por la escasez de clero, pero también por el tenor conservador de sus respuestas a los problemas del día. La presencia de la Iglesia en el mundo universitario y círculos intelectuales fue muy restringida. Además, su influencia entre los campesinos, especialmente los indígenas y la nueva clase obrera también disminuyó debido a su ruptura con las fuerzas dominantes de control social y de escasez de clero.

La segunda mitad del siglo XX ha visto a la Iglesia latinoamericana pasar por tres períodos importantes que Klaiber denomina la Iglesia Moderna (1955-1968), la Iglesia socio-política (1968-1975) y la Iglesia socio-Pastoral (1975 hasta hoy en día).

El primero de estos períodos vio a la Iglesia entenderse con el mundo moderno del norte de Europa y de Norteamérica con sus valores de política democrática, desarrollo económico, anti-comunismo y pluralismo cultural y religioso. Fue un período marcado por el despertar de una identidad eclesial pan-latinoamericana simbolizada por la Primera Reunión del Episcopado Latinoamericano en *Rio de Janeiro* en 1955 y la creación del *CELAM.*

El beato Juan XXIII inició una nueva época con la convocatoria del Concilio Vaticano II en 1959. La Iglesia ahora entablaría una nueva relación con el mundo secularizado. No lo percibiría como adversario del cual había que sospechar y al que habría de condenar, sino como socio en el mejoramiento de la Humanidad. Reinaba un optimismo ingenuo; optimismo que no fue adoptado universalmente por el episcopado latinoamericano. Sin embargo, este período de modernización coincidió con una profunda crisis vocacional en América Latina que llevó al siervo de Dios Pío XII y al beato Juan XXIII a hacer llamados urgentes para que sacerdotes y religiosas fueran a fortalecer las debilitadas filas clericales del continente. En las décadas de los 60 y 70 del siglo pasado cientos de sacerdotes y religiosas de Norteamérica y Europa se acercaron a Latinoamérica con nuevas ideas, especialmente con lo que Klaiber denomina "la parroquia moderna". Se destacaron por su numerosa presencia y actuación los Padres y Hermanas Maryknoll de los Estados Unidos y los Misioneros Columbanos de Irlanda.

Estas parroquias, de estilo arquitectónico moderno, fueron fundadas en los pueblos jóvenes o nuevos que surgieron en las afueras de las grandes ciudades, y también en el altiplano y la selva. Condujeron a los laicos a través de nuevos programas pastorales como el *Cursillo* y el Movimiento Familiar Cristiano y establecieron diferentes programas de asistencia social y educativa como cooperativas y escuelas radiofónicas que hicieron al clero más sensible a las urgentes necesidades sociales del día. La sotana se cambió por la camisa "*clergyman*" con su collar blanco de plástico y además se adoptó un estilo pastoral más abierto. El concepto de la pastoral cambió en este tiempo para incluir no solamente actividades espirituales como la catequesis y la celebración de los sacramentos, sino también, y como respuesta del clero y los laicos comprometidos a la pobreza aplastante y otras injusticias que la acompañan, programas de desarrollo integral y de defensa de los derechos humanos.

En el frente político, la Acción Católica se remplazó en muchas partes de América Latina por la formación de *la Democracia Cristiana* y, en general, de partidos políticos (el caso más exitoso de todos quizá sea Chile). Los miembros de estos partidos políticos eran inspirados por la *Doctrina Social de la Iglesia* y compartían una visión social del cristianismo que se preocupaba por enfrentarse con el subdesarrollo del continente, la pobreza y el analfabetismo. También sirvieron como alternativa a otros partidos políticos y movimientos de orientación atea o totalitaria.

Sin embargo, la modernización de la Iglesia durante este tiempo no estuvo tan libre de problemas como parece. Al poco tiempo esta modernización entró en crisis. No todos los laicos y miembros del clero estaban preparados para asimilar los cambios introducidos por el Concilio Vaticano II y por otros acontecimientos que surgieron, como *la Teología de la Liberación*. El clero en particular puso en marcha la Reforma Litúrgica del concilio, pero muchos resistieron la promoción de un laicado responsable y participativo en otras esferas de la vida eclesial. Gran número de sacerdotes y religiosas, atrapados en un confuso cambio de paradigma cultural de valores, abandonaron el ministerio ordenado y la vida religiosa para casarse durante este tiempo tumultuoso e incierto. Muchos de estos sacerdotes y religiosas que entraron al seminario y al convento en una sociedad e Iglesia que valoraba la obediencia, la castidad, una vida de auto-sacrificio y oración en un ambiente casi monástico de lo sagrado transcendente y misterioso, ahora escuchaban que el matrimonio era tan importante como la consagración religiosa, que los valores importantes eran el pensamiento crítico, la auto-realización y el compromiso socio-político para cambiar los problemas urgentes del momento.

A todo esto se sumaban a las expectativas de cambio y revolución que se percibían en la sociedad de la década de los 60. Es en esta época en la que aparecen, por mencionar algunos, la Revolución Cubana, la Alianza para el Progreso, la independencia de muchos países africanos de sus gobernantes coloniales, la aparición de líderes carismáticos que clamaban y facilitaban el cambio social y eclesial y que capturaron la imaginación de toda una generación, nos referimos, entre otros al Beato Juan XXIII, Martin Luther King, Jr., César Chávez, Julius Nyerere, el siervo de Dios Pedro Arrupe, S.J., John F. Kennedy, el "Che" Guevara, además de varios movimientos guerrilleros que buscaban el cambio social por medios violentos y a los cuales se unieron cristianos e incluso varios sacerdotes. Quizás el más reconocido internacionalmente de estos sacerdotes guerrilleros fue el colombiano sacerdote-sociólogo, Camilo Torres, que fue asesinado en 1966 luchando con el Ejército de Liberación Nacional (ELN). Existía un ambiente de alta tensión que reflejaba la situación internacional dominada por la Guerra Fría entre las dos grandes potencias del momento, los Estados Unidos y la Unión Soviética, y sus correspondientes aliados.

En 1968 los obispos latinoamericanos se reunieron en Medellín, Colombia para la Segunda Conferencia General con el propósito de inculturar los decretos del Concilio Vaticano II en el contexto latinoamericano. Durante esta reunión los obispos latinoamericanos más progresistas y sus asesores teológicos, el arzobispo Helder Câmara de Recife, Brasil, el cardenal Juan Landázuri Ricketts, O.F.M. de Lima, Perú, los obispos Eduardo Pironio de La Plata, Argentina, Samuel Ruiz de Chiapas, México, Leónidas Proaño de Riobamba, Ecuador, Marcos McGrath, C.S.C. de Santiago de Veraguas, Panamá y los teólogos Gustavo Gutiérrez de Lima, Perú, y monseñor Joseph Gremillion secretario de la Comisión Pontificia de Justicia y Paz de Roma elaboraron documentos que presentaban la misión de la Iglesia postconciliar en Latinoamérica como la de abogar por la justicia social y los pobres del continente. De esta manera la *conferencia de Medellín* significó un momento clave de cambio en la historia de la Iglesia latinoamericana que buscaba articular una identidad eclesial latinoamericana contemporánea y no simplemente reiterar los puntos de vista europeos y norteamericanos. Esta importante reunión marca la quinta fase de la Iglesia latinoamericana después de la independencia que es llamada la Iglesia socio-pastoral (1968-1975).

Durante este período la Iglesia latinoamericana tuvo que

enfrentar el nacimiento de los llamados *Gobiernos de seguridad nacional* o dictaduras militares que, en su búsqueda de proteger a sus países respectivos del comunismo, atropellaron los derechos humanos de los ciudadanos y hundieron las economías nacionales. Pausadamente al comienzo y después como la vanguardia de la oposición de estos regímenes militares, las iglesias particulares de América Latina se sumaron a la contienda política como defensoras de los derechos humanos y abogadas de la justicia social para los pobres. Apoyaron iniciativas como la reforma agraria y educativa y los derechos laborales, entre otros.

Los progresistas en la Iglesia fueron inspirados por la Teología de la Liberación y la teoría educativa de Paolo Freire, que promovía la *concientización* de los pobres; o sea, la acción activa de los pobres en cambiar la situación de opresión y explotación en la cual se encontraban. Para los progresistas la distinción que tenía que hacerse no era entre católicos y no-católicos, sino entre los que estaban comprometidos con la lucha por la justicia social y los que, por cual fuera la razón, no estaban militando activamente a favor de la misma. Presentamos un tratamiento más completo de la Teología de la Liberación y de su fundador, el padre Gustavo Gutiérrez de Lima, Perú, en el capítulo cuarto que trata el catolicismo de los países bolivarianos.

Este activismo social de los sectores progresistas eclesiales no dejó de generar criticismo tanto dentro como fuera de la Iglesia. Numerosos laicos, religiosas, sacerdotes y obispos fueron asesinados durante la represión militar del activismo social de la Iglesia. Muchos laicos rompieron con el modelo de compromiso político de la Acción Católica o la Democracia Cristiana y se pasaron a las filas de partidos políticos de izquierda. El clero progresista también cruzó la línea entre lo que era propiamente pastoral social y política partisana. Algunos identificaron el Reino de Dios con ciertos programas políticos de corte socialista, que terminaron siendo tan limitados, si no más opresivos que el sistema capitalista del momento. A pesar de todo esto, muchos sacerdotes y religiosos optaron por una vida de inmersión y ministerio entre los pobres, vida que supuso un auto-vaciamiento heroico y una vida ejemplar inspirada por los consejos evangélicos. La CLAR o la Confederación Latinoamericana y Caribeña de Religiosos, y sus sucursales, nacionales estuvieron en la vanguardia de esta inculturación de la vida religiosa que incluso les costó la vida a varios religiosos y religiosas que fallecieron a mano de la represión de las fuerzas armadas o de escuadrones de la muerte derechistas.

La Iglesia se polarizó más durante este tiempo, dividida entre progresistas, moderados y conservadores. Los conservadores eran compuestos por sacerdotes de las clases acomodadas y por el clero diocesano indígena de las provincias. Les resultaba difícil apuntarse al activismo social y al empoderamiento del laicado que surgió después del Vaticano II y Medellín. Algunos de estos sacerdotes tradicionalistas estaban asociados con movimientos religiosos que enfatizaban la renovación espiritual mucho más que la transformación social y que atendían a las clases alta y media, por ejemplo, el Opus Dei, el Regnum Christi de la Legión de Cristo, y el Movimiento Schönstatt. Durante el pontificado del Beato Juan Pablo II, los tradicionalistas recibieron el apoyo de la Santa Sede que criticó a la Teología de la Liberación y nombró al episcopado a muchos sacerdotes de esta tendencia. Los moderados simpatizaban con las reformas del Vaticano II y Medellín, pero mantuvieron una postura independiente frente a las ideologías y prácticas tanto conservadoras como progresistas. A pesar de estas divisiones, un resultado positivo de este período fue el gran número de laicos, a lo largo del espectro eclesiástico y especialmente de sectores populares y pobres, que experimentó un gran sentido de pertenencia y misión eclesial.

La última fase que la Iglesia pasó después de la independencia, según Klaiber, comenzó en 1975 y corre hasta nuestros días y la llama la Iglesia socio-pastoral. Durante este período, la Iglesia en general se hizo más pastoral, al caer en la cuenta de que una rápida transformación de las estructuras injustas de la sociedad llevaría tiempo, a la vez que fue marginada de los centros de poder político. Sin embargo, lo que se entiende por la pastoral durante este período es mucho más amplio que la evangelización, la catequesis y la celebración del culto por parte de los agentes pastorales clericales y laicos.

A la luz del Vaticano II y Medellín, la pastoral también comprende actividades en los campos social y político. Ser pastoral durante este tiempo significa "*acompañar*" al pueblo; es decir, que se entendía como identificarse con la realidad del pueblo sin imponerle soluciones, fórmulas y métodos desde arriba, significaba construir la Iglesia desde abajo. La Iglesia socio-pastoral entiende su rol como el de una espera paciente mientras que se da una maduración espiritual e internalización de los valores asociados con el Vaticano II y Medellín. Sobre todo la Iglesia entiende su rol como el de la profunda formación humanística, espiritual y social del Pueblo de Dios. Esa formación en los valores del Vaticano II y Medellín todavía no había sido asimilada por la mayoría de los creyentes latinoamericanos en los años 60 y 70 del siglo pasado. Esto es un enfoque pastoral y eclesiológico más universal y pluralista que en otros períodos.

Nuevas iniciativas pastorales surgen durante este tiempo que son destinadas a grupos específicos como la juventud y la familia y que buscan casar los aportes de la psicología con la espiritualidad. Por ejemplo, llegan a Latinoamérica durante este tiempo los Encuentros Matrimoniales y su rama juvenil, el Neocatecumenado y la Renovación Carismática. Anteriormente los sectores progresistas de la Iglesia hubieran criticado estos movimientos por ser alienantes, al no verse suficientemente comprometidos socialmente. Sin embargo, la sanación afectiva que con frecuencia acompaña la pastoral de estos grupos ha servido como la fundamentación de un mayor involucramiento en la vida de la Iglesia y en la adquisición de una mayor conciencia social para muchos de sus miembros. De hecho, una de las características de la Iglesia Socio-Pastoral es la integración de una espiritualidad más afectiva con un mayor compromiso socio-político. Sin embargo, este período también tiene sus limitaciones, muchas de ellas que provienen de la Colonia, entre ellas: la escasez de vocaciones, una religiosidad popular que sigue al margen de la vida eclesial y las divisiones teológicas entre progresistas y tradicionalistas y entre las clases acomodadas y las populares.

Irónicamente, es durante este período que las tensiones que ya estaban presentes anteriormente se convierten en más acrimonias y públicas. Esto se percibió más claramente durante la Tercera Conferencia General de los Obispos Latinoamericanos en *Puebla*, México en 1979. En esa reunión los obispos más conservadores, encabezados por el secretario general de la CELAM y después arzobispo de Medellín, Colombia y cardenal prefecto del Consejo Pontificio para la Familia en Roma, Alfonso López Trujillo, tomaron la iniciativa de los obispos más progresistas que habían dominado la conferencia de Medellín en 1968. Los consejeros teológicos de los obispos progresistas que seguían la perspectiva de la Teología de la Liberación fueron excluidos de las sesiones de la conferencia. No obstante, la conferencia de Puebla produjo un documento final que fue compromiso entre las diferentes facciones eclesiásticas (a diferencia del documento final de Medellín, que se enfocó más en la realidad social latinoamericana) y que se convirtió en fundamento teológico para el compromiso social del cristiano.

Recientes Tendencias del Catolicismo Latinoamericano

El teólogo venezolano, Pedro Trigo, S.J., ha desarrollado una fenomenología de los diferentes tipos de católicos latinoamericanos contemporáneos. Mientras que muchos de los católicos contemporáneos que Trigo describe ya han sido mencionados arriba por Klaiber, dos en particular merecen nuestra atención porque son muy numerosos en el continente en los últimos años: el católico aeclesial y el individualista devoto y compasivo. Estos tipos no están basados en modelos sociológicos que pueden verificarse cuantitativamente, sino en la experiencia pastoral del autor. No obstante proveen una útil descripción de la complejidad que reina hoy en el catolicismo latinoamericano.

Los católicos aeclesiales han crecido en números recientemente en América Latina. Estas personas se auto-identifican como católicos, pero sin ningún sentido de pertenencia a la comunidad eclesial. Se encuentran más en zonas urbanas. En la medida que la secularización ha avanzado en Latinoamérica y los lazos a la Iglesia como institución se han deshilachado, muchos han perdido un sentido de pertenencia católica mientras que siguen comprometidos a vivir de una manera cristiana. A este grupo no le cruza por la cabeza acercarse a un miembro del clero a quienes consideran distantes y consideran que no los comprendían.

Piensan que con unas básicas ideas acerca de Dios y la moralidad basta para vivir una vida cristiana. Puede que en sus casas tengan una que otra imagen religiosa o que lleven una en su cartera o billetera y que a lo mejor practiquen ciertas tradiciones cristianas como la oración al despertar o acostarse, santiguarse al pasar un templo católico, asistir a la Eucaristía por una ocasión especial como una graduación o funeral. En general, son indiferentes a distinguir entre las confesiones cristianas y utilizan los materiales de cualquiera de ellas mientras que cruza sus caminos y que consideran provechoso. No les gusta discutir acerca de diferencias religiosas y piensan que cada persona tiene el derecho de creer lo que quiera y que a nadie le corresponde decirles lo contrario. Para ellos lo más importante de la fe religiosa es vivir con coherencia sus preceptos fundamentales.

El individualista devoto y compasivo puede encontrarse entre algunos jóvenes que han tenido una experiencia transformadora con Jesucristo y que, en general, suelen tener una experiencia positiva de la religión. Quieren seguir a Jesús con generosidad y alegría y hacer el mundo un mejor lugar para vivir, aliviando su sufrimiento. Sienten que viven una historia que no los conoce y que no pueden alterar. No comprenden los procesos que mueven nuestro mundo y saben que nunca formarán parte de las estructuras directivas de la sociedad. Sin embargo, han encontrado en el catolicismo el medio que les permite dar lo mejor de sí mismos y que los salva de ser socialmente insignificantes, de convertirse en un estéril tumulto de pasiones desordenadas y de caer ante una competencia técnica sin compasión. No hablamos de un grupo numeroso de católicos.

Se dan de sí en todo tipo de experiencias de voluntariado con una meta clara, que no pide una especialización profesional o un compromiso de tiempo completo y que, por tanto, requiere una responsabilidad personal atenuada. Reconocen que no van a salvar al mundo ni a cambiar a la sociedad por su complejidad; sin embargo, ven lo que hacen como bueno y eso les basta. Ese realismo fatalista acerca de sus limitaciones puede ser un trampolín para la oración al Dios que es capaz de cambiar las vidas y las situaciones sociales. Estas personas son postmodernas por excelencia, en cuanto que su lado altruista y devoto, importante como sea para ellos, no es la totalidad de sus vidas. Están fragmentados y, por lo mismo, se dan a otras actividades menos nobles que abundan en la sociedad.

El Catolicismo Popular Latinoamericano

Entre los tipos de católicos latinoamericanos contemporáneos que Trigo identifica, se encuentran los practicantes del catolicismo popular. Distingue, entre sus practicantes, a los de ambientes rurales y a los de ambientes urbanos. El catolicismo popular rural está anclado en el ritmo cíclico de la comunidad agrícola y sus celebraciones del año litúrgico y de las fiestas patronales; mientras que el catolicismo popular urbano es más privatizado y elegido conscientemente por sus representantes.

Además del catolicismo popular, hay muchas otras formas de religiosidad popular en América Latina, por ejemplo, la piedad popular pentecostalista y las manifestaciones sincréticas que incorporaron en un marco religioso católico y de escasa evangelización elementos contradictorios de las tradiciones de los esclavos africanos que fueron brutalmente traídos a las Américas y de los muy agraviados y explotados pueblos originarios, los amerindios. Trataremos más a fondo la Santería en el Segundo Capítulo sobre el catolicismo caribeño.

En los distintos capítulos de este manual nos referiremos a varias manifestaciones particulares del catolicismo popular. Esta primera aproximación al tema provee un marco general para entender este fenómeno tan presente en el continente y que, no sin quedar sujeto a debate, podría ser la característica definitiva del catolicismo latinoamericano. El catolicismo popular es una expresión cultural de la fe de un pueblo e incluye una variedad de prácticas religiosas personales y comunitarias como el santiguarse, ponerse medallas religiosas y otros sacramentales; además de las prácticas de exhibir imágenes religiosas, participar en procesiones, etc. Mark Francis, C.S.V., un teólogo litúrgico norteamericano, observaba que hay ciertas diferencias entre el catolicismo popular latinoamericano y las devociones norteamericanas y del norte de Europa. El primero es más aural, comunitario y administrado por laicos, mientras que el último es más alfabetizado, individualista y clerical. Una característica de la religiosidad popular latinoamericana consiste en el sentido místico profundo o la espiritualidad cósmica que percibe tanto la trascendencia como la inmanencia de Dios. Un Dios que lo supera todo y, a la vez, está íntimamente presente aquí y ahora.

El catolicismo popular nació de esfuerzos de evangelización medievales y fue traído a las Américas por sus primeros evangelizadores. Se enraizó y cobró importancia merced a la escasez de clero. Elementos que produjeron un catolicismo menos centrado en la parroquia y más en el hogar y en actos religiosos públicos, como las fiestas patronales que demostraban esa identidad religiosa y cultural. Mientras que el catolicismo popular es diferente de las liturgias oficiales de la Iglesia, guarda el respeto formal por ellas, bajo riesgo de enfatizar de más una posible y aguda separación. Por ejemplo, el sacramento del bautismo juega un papel importantísimo en la religiosidad popular ya que se convierte en la ocasión y el medio para el rol importantísimo del padrino, quien, a través del rito, se incorpora a la familia latinoamericana extendida. No solamente es el bautizado bienvenido a la familia de Dios a través del sacramento y se convierte en un miembro de la familia latinoamericana extendida, no solo se vuelve "*uno de los nuestros*", sino que además los padrinos forman parte de la misma familia extendida a través de la institución del *compadrazgo* y *comadrazgo*. El padrino y la madrina también son compadres y comadres, miembros especiales de la familia extendida con la obligación sagrada de apoyar la crianza de su ahijado o ahijada, y también con un especial lazo mutuo para con los padres del bautizado o bautizada, lazo que los hace casi parientes de sangre y miembros de la familia extendida.

Los padrinos ayudaran con los costos económicos asociados con el bautismo y la posterior fiesta, incluso cabe mencionar que, en ciertas culturas latinoamericanas son ellos quienes eligen el templo donde serán bautizados el niño o la niña. Asimismo, tienen el derecho de intervenir en la orientación de sus ahijados y la obligación de apoyarlos con todo tipo de ayuda a su alcance, incluyendo desde consejos correspondientes a sus relaciones de pareja hasta apoyo financiero. Los ahijados, por su parte, mantendrán también de por vida un lazo especial con sus padrinos. Los lazos creados entre padrino y ahijado se extenderán, a su vez, no solo a las familias nucleares correspondientes, sino incluso a sus familias entendidas en el sentido amplio de la palabra (tíos, primos, etc.) con raíces profundas que irán más allá de la ceremonia bautismal, penetrando los diversos aspectos de las vidas de los involucrados con esta suerte de "institución social y religiosa".

La religiosidad popular también aporta una dimensión profética, en cuanto que da testimonio de una alternativa basada en los Evangelios y que hace frente a los valores de la cultura dominante. Esta religiosidad a la que nos referimos afirma la dignidad de la vida humana y representa una manera de corregir el énfasis intelectualista del catolicismo, surgido después de la Ilustración, matizándolo a través de una presentación poética y afectiva. En muchas partes de Latinoamérica la religiosidad popular se caracteriza por un *mestizaje* de tradiciones hispanas, amerindias y africanas que crea una nueva identidad religiosa y cultural. Sin embargo, la religiosidad popular debe purificarse de ciertos valores antievangélicos que, a veces, degeneran en un sincretismo, como la *Santería* y el *Candomblé*, existentes en el Caribe y en el Brasil. Hoy, la mayoría de obispos y teólogos hispanoamericanos de Estados Unidos perciben la religiosidad popular de una manera positiva, ya que expresa, de alguna manera, el *sensus fidelium,* o sea, la práctica del cristianismo llevada a cabo por sus creyentes. La religiosidad popular es considerada fuente privilegiada de reflexión teológica, a un grado similar al de las Escrituras o del magisterio episcopal *(locus theologicus)*.

Aparecida y los retos comunes del catolicismo latinoamericano

En 2007 los representantes de las conferencias episcopales de América Latina se reunieron en la Quinta Asamblea General en el Santuario Mariano de *Aparecida* en Brasil. Su Santidad Benedicto XVI inauguró la Asamblea. Siguiendo la pauta marcada en las cuatro ediciones anteriores (Rio de Janeiro en 1955, Medellín en 1968, Puebla en 1979 y Santo Domingo en 1992) los participantes discutieron los retos que enfrenta la

Iglesia en el continente y fijaron prioridades apostólicas para los siguientes años. Entre los problemas comunes que enfrenta la Iglesia latinoamericana y que los obispos enumeraron en el documento final, se señalaron los siguientes (Aparecida #100):

- La escasez de sacerdotes y religiosas en el continente. Efectivamente, se resaltó el hecho de la distribución inequitativa de estos, lo que causa que muchas comunidades no cuenten con quién les celebre la Eucaristía. Asimismo, se señaló la falta de solidaridad entre las iglesias particulares en lo que se refiere a los recursos humanos y económicos. Además, se menciona el hecho de que las vocaciones al sacerdocio y a la vida consagrada no han seguido el ritmo ideal de crecimiento.
- Se evidencia el regreso a ciertas eclesiologías y espiritualidades que no están en línea con la enseñanza del Vaticano II, especialmente un ejercicio de la autoridad que no sigue los criterios evangélicos. Destacaron también el descuido en la opción preferencial por los pobres, lo cual refleja falta de comunión eclesial en cuestiones de doctrina y moral. Se acusa también cierta tendencia a secularizar la vida consagrada, el desfallecimiento de la vida cristiana en la sociedad en general y la disminución del sentido de pertenencia a la Iglesia.
- Resalta, de la misma manera, la pobre formación y apoyo pastoral que se da a los laicos que buscan vivir su vocación de servicio al Bien Común en la vida pública.
- Se echa de menos el ardor propio de la Nueva Evangelización y sus correspondientes programas y expresiones. Existe, ya en concreto, la tendencia a un cierto ritualismo en la celebración sacramental de la Iglesia. Ritualismo carente de formación permanente y de

atención a otros quehaceres pastorales urgentes, como la Pastoral Penitenciaria dirigida a jóvenes delincuentes o en situaciones de riesgo, así como a inmigrantes y a personas itinerantes.

- Se apunta un notable crecimiento de la espiritualidad individualista, caracterizada por el relativismo ético y religioso. Se conoce insuficientemente el rico patrimonio de la Doctrina Social de la Iglesia, además del carácter secular de la vocación laical. Un creciente número de creyentes se aparta de la práctica comunitaria e integral de la fe para unirse a otros grupos religiosos. Grupos que resultan ser muy variados por implicar no solamente inspiraciones eclesiales y cristianas, sino también a doctrinas pseudocristianas con las cuales el diálogo ecuménico es muy difícil, dada su postura hostil hacia la Iglesia Católica.
- El lenguaje de la Evangelización, la catequesis y, en general, la pastoral tienen poco sentido para la cultura contemporánea y, en particular para los jóvenes. Se está prestando poca atención al cambio de cultura que actualmente tiene lugar en el continente, con su correspondiente lenguaje y simbología. En efecto, una nueva cultura postmoderna se enraiza en todas partes. Cultura que se caracteriza por un amplio pluralismo social y religioso. Se echa de menos el importante rol que la Iglesia podría jugar en la raíz de esa cultura, especialmente en el mundo universitario y en el de los medios de comunicación social.
- Algunos de los nuevos movimientos eclesiales no se han integrado a la pastoral diocesana y parroquial en la cual se desempeñan. Por su parte, las diócesis y las parroquias no siempre han apreciado estos movimientos recibiéndolos como un don.

Como respuesta a estos retos comunes de la Iglesia latinoamericana, los obispos en Aparecida convocaron a una "Misión Continental" (Aparecida #551). Esta Misión Continental se ha precisado en un documento de 2008 del CELAM llamado "La Misión Continental para una Iglesia Misionera". Esta Misión Continental no tiene que ver con las misiones populares de antaño. Más bien, representa el despertar en todos los miembros de la Iglesia de ese sentido que nace de la vocación bautismal y que contiene una fuerte orientación misionera. De esta manera, se podrá comunicar efectivamente a los públicos más distantes, indiferentes o ajenos a Jesucristo cuál es la fuente de la alegría y esperanza del cristiano, especialmente en los nuevos centros culturales o "areópagos".

El objetivo de este nuevo fervor y espíritu misionero consiste en emprender la Nueva Evangelización en el continente. Nueva Evangelización que comienza con la renovación de cada creyente y que consiste en que cada cristiano se siente de nuevo, como discípulo, a los pies del Maestro, buscando para sí mismo la experiencia de que su corazón arda de nuevo. La Nueva Evangelización requiere una nueva formación para todos los creyentes, con la finalidad de dar razón de su esperanza de una manera convincente para nuestros tiempos y que comienza leyendo la palabra de Dios y permitiéndole que se convierta en la fuente de una espiritualidad misionera creadora y comunitaria; espiritualidad que se hace presente en las carreteras y en los caminos para proclamar la Buena Nueva y que invita a los que ya conocen a Cristo a tomar asiento en el banquete en que nos nutre con su Palabra, con su Cuerpo y con su Sangre.

Conclusión

La Iglesia en América Latina tiene en común una rica historia que ha producido maneras similares de vivir la fe a lo largo de continente. En particular, el catolicismo popular, que hunde sus raíces en la Colonia y que ha encontrado la manera de seguir siendo una fuerza vital para muchos creyentes contemporáneos y que representa en todo el continente y en otras latitudes, una característica común del catolicismo latinoamericano. Hemos examinado esa historia en común y algunos de los retos contemporáneos que nacen para la Iglesia de esa historia. El retrato que se percibe es de un catolicismo con raíces profundas, con capacidad de adaptarse a diferentes momentos históricos y que está entrando en una nueva fase de su existencia. En efecto, la cultura católica experimenta en la actualidad cambios significativos que amenazan con volverla más pluralista y menos cristiana. En los capítulos siguientes enfocaremos las diferencias regionales que caracterizan al catolicismo latinoamericano, comenzando con el catolicismo del Caribe y sus fuertes influencias africanas.

Para reflexionar y comentar

- ¿Cómo ayudó y perjudicó al catolicismo latinoamericano el Patronato, tanto en tiempos de la Colonia, como después de la Independencia?
- ¿Cómo se diferencia el catolicismo popular latinoamericano de la manera en que se vive el catolicismo en los Estados Unidos?
- ¿Cuáles de los retos que enfrenta la Iglesia latinoamericana hoy en día y que fueron enumerados por los obispos en Aparecida? ¿le parecen similares o diferentes de los que enfrenta la Iglesia en los Estados Unidos?

2

EL CARIBE

Introducción

Este capítulo examina el catolicismo que echó raíces en el Edén tropical de las Antillas Mayores y que comprende los países actuales de Cuba, Haití, Puerto Rico y la República Dominicana (para datos demográficos de cada uno de estos países véase el Tercer apéndice: La Iglesia latinoamericana en cifras). Desde el comienzo de la Primera Evangelización, estas iglesias particulares ejercieron su ministerio bajo la carga de la escasez de clero que, por necesidad, ha hecho del catolicismo caribeño una empresa del laicado. En nuestra opinión, esto ha sido una bendición que ha producido tremenda creatividad apostólica. Ha habido también sombras: una de ellas es *la Santería* o la religión de los santos, esa característica ambigua del catolicismo caribeño, fruto del sincretismo entre el catolicismo y las tradiciones religiosas de los esclavos africanos, tan cruel y penosamente traídos al Nuevo Mundo. Los "santos" aquí se refiere a los santos católicos que los esclavos africanos encontraron en el Nuevo Mundo y que identificaron con sus dioses y diosas, dado el proceso forzado y superficial de la iniciación cristiana recibida de sus patrones.

Un catolicismo en manos de los laicos por necesidad

Antes de examinar lo que muchos consideran el carácter definitorio del catolicismo de las Antillas Mayores, el importante papel jugado por los laicos, queremos agregar unas palabras acerca de un problema perenne del catolicismo latinoamericano: la falta de vocaciones al sacerdocio y la vida consagrada. Como ya hemos visto, es uno de los retos que los obispos latinoamericanos mencionan en su documento final de Aparecida. La escasez de clero en América Latina, hoy y en el pasado, sigue siendo asombrosa; por ejemplo, según estadísticas de 2011, Colombia, uno de los países con mayor número de candidatos para el sacerdocio y la vida consagrada en América del Sur, tiene 38,406,000 católicos y 7,920 sacerdotes, tanto diocesanos como religiosos. Eso significa un sacerdote por cada 4,849 católicos. En las Antillas Mayores la proporción de sacerdote por católico es aún peor, por ejemplo, en la República Dominicana hay un sacerdote por cada 9,156 católicos, en Puerto Rico un sacerdote por cada 3,813 católicos y, el peor de todos, Cuba tiene un sacerdote por cada 21,171 católicos. Compárense estos datos con los mismos para los Estados Unidos durante el mismo período: en este caso hablamos de una población católica de aproximadamente 64,621,000 almas que cuentan con 44,906 sacerdotes diocesanos y religiosos, o sea, un sacerdote por cada 1,439 católicos (Véase el Primer apéndice para las estadísticas de otros países latinoamericanos).

La escasez de clero en Latinoamérica ha producido un número interesante de respuestas creativas, tanto del clero como de los laicos. Lejos de minar la identidad católica del continente o disminuir su respeto por el presbiterado, la escasez de clero ha producido, a lo largo de los siglos, un florecimiento de movimientos laicos, tanto populares como de élite. De los movimientos a los que nos referimos valen destacarse dos, localizados en las Antillas Menores: los "Hermanos Cheos", de Puerto Rico y los Siervos de Cristo Vivo, de la República Dominicana. Cada uno de estos apostolados caribeños laicos ilustra cómo una zona con escaso clero ha logrado emprender un movimiento apostólico laico de valor duradero y de creatividad digna de imitarse.

Los Hermanos Cheos (o también llamada Asociación Católica, Apostólica y Romana de San Juan Evangelista) comenzó a finales del siglo XIX como un movimiento de predicadores campesinos laicos o "jíbaros" y "jíbaras", como son conocidos en la isla. Muchos fueron adolescentes cuando comenzaron su ministerio de la palabra y al principio no estaban muy bien coordinados entre sí. Se trataba de hombres y mujeres que escucharon un llamado divino de predicar y se ofrecieron para la obra. Más tarde en 1927 el movimiento recibió reconocimiento canónico como una cofradía piadosa bajo patrocinio episcopal. El nombre de "Hermanos Cheos" tiene una interesante procedencia. Se deriva del apodo cariñoso dado en Puerto Rico a aquellos nombrados José o Josefina, o sea "Cheo" o "Chea". Fue natural que la asociación recibiera este apodo, ya que los primeros dos predicadores laicos fueron José de los Santos Morales y José Rodríguez. "Hermanos" proviene de un recurso retórico empleado por los predicadores que con frecuencia se referían a su audiencia como hermanos. También fueron llamados cariñosamente "hermanitos" por el pueblo.

El contexto socio-político del cual nacieron los Hermanos fue sumamente polémico. "La Isla del Encanto", como es conocido Puerto Rico, pasó, de ser una colonia de la España católica a otra de los Estados Unidos protestante. Las principales denominaciones protestantes dividieron la isla rectangular en cuatro cuadrantes, a cada uno de los cuales fue asignado un grupo protestante diferente. Con el apoyo del gobierno norteamericano, los grupos protestantes comenzaron, especialmente en el campo, feroces campañas proselitistas y americanizantes. Los Hermanos respondieron a este penoso esfuerzo de imperialismo religioso con entusiasmo a través de la realización de misiones populares caseras.

Estas misiones, con frecuencia se llevaban a cabo en casa de alguna familia que hubiera padecido recientemente una muerte. La costumbre consistía en honrar al difunto con vigilias de oración, centradas normalmente en el rezo del Rosario. Los

Hermanos empleaban estas costumbres piadosas de oración casera para los muertos, no solamente con la intención de dirigir el Rosario, sino para predicar y llevar al pueblo a la oración. Las familias invitaban a los vecinos que, a su vez se turnaban la presencia de los Hermanos en sus casas. A través de esta práctica creció por toda la isla la reputación y el conocimiento del ministerio de los Hermanos. El apostolado de los "Cheos" supuso no solamente consolación en un momento de duelo, sino además, un mensaje de resistencia cultural y religiosa a la "protestanización" y "americanización" de la isla, estrategias, ambas, que en ese momento estaban en pleno vigor. El nuevo amo colonial, los Estados Unidos, buscó sin éxito remplazar el catolicismo popular, las costumbres criollas y el español, con una religión más bíblica; el verdadero cristianismo con el protestantismo y con costumbres progresistas norteamericanas. Cabe mencionar que, por un tiempo, el inglés fue obligatorio en las escuelas de Borinquen, nombre amerindio de la isla.

La comunidad "Siervos de Cristo Vivo" (CSCV) fue fundada en la República Dominicana en 1982 por el sacerdote del Sagrado Corazón, galo-canadiense, Emiliano Tardif (1928-1999). La CSCV es una comunidad carismática de seglares con la misión de evangelización a través de retiros carismáticos populares. Hoy en día, la comunidad tiene más de una docena de fundaciones en América Latina, Europa y los Estados unidos, y está presente especialmente en medio de las poblaciones hispanas. Tardif era un sanador y predicador carismático que partió a República Dominicana a mediados de los años 50. Y tan amado e influyente fue el padre Tardif entre los dominicanos que, cuando murió dando un retiro a sacerdotes cerca de Córdoba, Argentina, su cuerpo fue devuelto a Quisqueya, nombre amerindio de la isla, para ser sepultado. El entonces presidente Leonel Fernández declaró un día nacional de luto.

La CSCV representa uno de los movimientos laicos carismáticos mejor organizados y formados, característicos de gran parte de la vitalidad del catolicismo latinoamericano hoy en día. Lo que suele ser más típico de la renovación carismática es su tenor popular, emotivo y anti-intelectual. Miles de latinos, en su mayoría mujeres, encuentran en el ambiente familiar de los círculos de oración un refugio a las duras vicisitudes de la vida marginada. La sanación, animados cultos de adoración y alabanza, acompañados con música, a veces tierna y meditativa, a veces ruidosa y energética, dirigidos por hombres y mujeres seglares, ofrecen a muchos pobres y marginados de la sociedad un poderoso sentido de empoderamiento en el Señor y consciencia de la propia dignidad humana como hijos e hijas de Dios. En estas celebraciones los participantes se sienten potenciados por el Espíritu Santo para resistir al pecado y las tentaciones cotidianas de su entorno, tales como el abuso de las drogas y el alcohol, el abuso y mal uso de la sexualidad, el abuso doméstico y la depresión, entre otras. Podría decirse que la renovación carismática se ha convertido en la mejor manera que tiene la Iglesia Católica latinoamericana y de todo el mundo de atraer nuevos fieles, de retener a los actuales y de evitar que la abandonen en busca de comunidades evangélicas y pentecostales.

La renovación carismática no es solamente un movimiento introspectivo sino creativamente apostólico. Sus miembros se involucran en diversos ministerios dentro y fuera de la parroquia, desde participar como lectores y ministros extraordinarios de la Eucaristía en la Misa Dominical hasta en obras de asistencia social, de Evangelización por la radio y televisión y pastoral penitenciaria, solamente por nombrar algunos. A diferencia de uno de sus predecesores, los *Cursillos de Cristiandad*, la Renovación no exige que sus miembros abandonen situaciones irregulares a los ojos de la Iglesia Católica (como el concubinato) para participar en sus actividades. El requisito indispensable es el deseo de aceptar a Jesucristo y querer recibir los dones del Espíritu Santo. Los grandes números del movimiento carismático son testimonio del éxito de este enfoque acogedor. En Nueva

York, por ejemplo, la renovación bajo la dirección del obispo auxiliar Josu Iriondo, por varios años ha llevado a cabo eventos de cupo lleno en el Madison Square Garden, uno de los espacios deportivos más grandes de la ciudad, con miles de personas, en su mayoría puertorriqueños y dominicanos, y convirtiéndolo en un templo de alabanza y oración cristiana donde los aplausos y gritos a favor de tal o cual equipo deportivo son reemplazados por alabanzas en acento hispano.

Sin embargo, el carácter laico del catolicismo caribeño no siempre ha sido tan ortodoxo. La falta de una adecuada formación adulta en la fe ha producido en la Iglesia de las Antillas Mayores varias manifestaciones religiosas sincréticas. Las dos más importantes son *el espiritismo* y la Santería. A continuación, enfocaremos detalladamente a la Santería. El espiritismo fue para el siglo XIX lo que el gnosticismo fue para la Iglesia primitiva y el movimiento de la Nueva Era para la Iglesia actual. Se trata de un movimiento cuasi religioso-filosófico que encontró su origen en los escritos del francés Allan Kardec. A través de sesiones orientadas a comunicarse con los fallecidos, de la lectura del Tarot y de otras prácticas "espirituales" esotéricas, proponía una religiosidad "científica", liberada de lo que consideraba el tradicionalismo y obscurantismo de la Iglesia Católica. El pensamiento de Kardec fue abrazado con entusiasmo por la masonería y propagado por todo el mundo a través de su red de logias y templos.

Aunque existe un espiritismo de manifestaciones más puras, es más común encontrarlo de una forma híbrida o sincrética. Esta nueva forma de la antigua herejía del gnosticismo lleva a los creyentes bautizados pero pobremente formados en la fe católica a escoger diferentes elementos de ambas propuestas y modelar su propia espiritualidad, omitiendo cualquier vínculo con la religión institucionalizada y con un credo coherente. Quizás el ejemplo más conocido de este tipo de credo híbrido lo represente el extravagante empresario y actor de telenovelas convertido en gurú espiritual, Walter Mercado. Por más de cuarenta años Walter Mercado ha estado apareciendo por televisión en Puerto Rico y los Estados Unidos vestido con capas y trajes extravagantes, como el famoso pianista italiano-americano de los años 50, Liberace. Transmite una mezcolanza de contenido espiritista, astrológico y de religiosidades asiáticas a sus numerosos admiradores y siempre cierra sus segmentos de adivinación "con mucho, mucho amor", su famosa frase-marca.

La Santería

A pesar del lugar que el espiritismo ocupa en la imaginación popular religiosa de los católicos del Caribe, la forma más común de sincretismo religioso en las Antillas Mayores se remonta al siglo XVI. La iniciación cristiana que, tanto la Iglesia como los amos pretendían para los esclavos africanos representó la excusa patética que dio a nacer la religión sincrética conocida como la Santería o la religión de los santos. Hubo algunas excepciones a este triste estado de cosas, por ejemplo, San Pedro Claver, esclavo de los esclavos, como le gustaba llamarse a sí mismo, y su maestro Alonso de Sandoval, SJ, quienes trabajaron incansablemente en Cartagena de Indias, Colombia durante el siglo XVII, donde atendieron a las necesidades físicas y espirituales de los esclavos africanos que llegaban a ese puerto. Sin embargo, los bautismos en masa sin ningún tipo de instrucción religiosa y el tratamiento (por lo general cruel) que la gran mayoría de los africanos recibió al desembarcar en el continente americano los llevó a permanecer en la ignorancia y a rechazar la fe de sus amos.

Con el tiempo, los africanos desarrollaron una forma ingeniosa de mantener vivas sus religiones tradicionales y sus culturas originarias dentro de la demoníaca institución de la esclavitud. Asociaron a sus dioses y diosas u "orishas" con los santos que eran una parte predominante del paisaje católico de aquel tiempo. Así, por ejemplo, Santa Bárbara, patrona de la artillería del ejército español, se asoció con Changó, el dios yoruba de la guerra asociado con el trueno. Yemayá, la diosa yoruba de la fertilidad, se asoció con la Virgen de Regla, una pequeña estatua negra de la Virgen María y patrona de un pequeño pueblo cubano enfrente de La Habana, al otro lado de la bahía.

Los "babalaos" o sacerdotes y sacerdotisas de las religiones africanas que llegaron a América mantuvieron vivas las creencias de sus antepasados a través de la tradición oral. Relataban las historias y entonaban canciones en las lenguas africanas nativas, a la vez que celebraban danzas al ritmo sincopado de su continente madre, a fin de mantener vivos en el Nuevo Mundo los mitos o historias fundacionales de los dioses y las culturas de África. De esta manera, la Santería sirvió de resistencia cultural a la esclavitud que destruía no solo la religión de sus ancestros africanos, también sus lenguas y culturas.

Gracias a la Santería, las religiones politeístas tradicionales de África han encontrado nuevos adeptos en el Nuevo Mundo, en la medida en que criollos latinoamericanos de zonas urbanas y post-modernistas del hemisferio norte han descubierto y se han iniciado en las distintas reglas de vida de los pueblos africanos traídos al Nuevo Mundo. En algunos casos, atraídos por los elementos mágicos y supersticiosos de la práctica santera, donde parece que la voluntad divina se puede sobornar y manipular, los católicos han recurrido a los santeros y a sus formas mágicas aparentemente más eficaces. Las reglas de Lucumí, Ifé, Palo Monte, entre otras, funcionan como una alternativa para obtener una respuesta a una u otra oración que Jesús o la intercesión de alguno que otro santo católico oficial se habían retrasado en responder o que habían respondido de manera insatisfactoria del peticionario.

A menudo, este comercio supersticioso para obtener algún favor divino ha sido muy similar a la forma en que algunos católicos hacen novenas a los santos, un elemento básico del catolicismo popular. En tales casos, las novenas, que son oraciones que se dicen duran nueve días y están destinadas a Dios a través de la intercesión de un santo en particular, degeneran en una forma de manipulación de la voluntad divina o de un acuerdo de ojo por ojo. Se hacen promesas de cumplir cierta acción cuando se obtenga el favor del santo cuya intercesión se invoca para obtener cierto favor divino. Por ejemplo, la promesa puede ser de dar una fiesta en honor del santo, invitando a la misma a amigos y familiares, o a los pobres. La promesa también puede ser alguna penitencia corporal, tal como hacer una peregrinación de rodillas a la iglesia del santo o a su santuario. La promesa "se paga" siempre y cuando el favor buscado es conseguido.

En tiempos modernos los favores de los orishas se han convertido en productos fáciles de comprar en tiendas de barrio llamadas botánicas. Estas botánicas son tiendas espirituales generales donde se puede consultar a un espiritista, lector del Tarot o, tal vez, a una curandera que también funciona como babalao, y venden todo lo que se requiera para procurar la intervención divina de los dioses africanos. Todo, desde velas, hierbas, amuletos, incluso aerosoles asociados con diferentes dioses africanos para despejar cualquier tipo de mal ojo o mala suerte, se puede comprar por dinero en efectivo o crédito, a veces a precios nada baratos. Si la gran mayoría de quienes acceden a la Santería son católicos mal formados en su fe, hay algunos santeros que toman la religión muy en serio. En las últimas décadas algunas personas bien preparadas y de las zonas menos esperadas del mundo, por ejemplo, Escandinavia y Europa Central, han sido atraídas por las dimensiones folklóricas, ecológicas y comunitarias de la religión. Valoran el respeto que la Santería le tiene al ciclo de la naturaleza, sus sacrificios de animales y "bembés" o vigilias de oración festivas al ritmo las canciones, danzas y los tambores africanos que conducen a trances y facilitan la posesión de los diferentes orishas. Para algunas feministas también, la Santería, con su amplio panteón de diosas y sacerdotisas, mantiene el atractivo de parecer menos patriarcal que el cristianismo.

La Santería es un problema pastoral que la Iglesia en las Antillas Mayores y en los Estados Unidos no ha enfrentado muy bien. Por otro lado, en las últimas décadas, la Iglesia Católica brasileña ha sido más proactiva y ha tomado en serio la religión afro-brasileña del candomblé, que es similar a la Santería. En 1998, cuando el Papa Juan Pablo II visitó Cuba, sostuvo una reunión con los representantes de otras tradiciones religiosas de la isla en la residencia del Arzobispo de La Habana. Me contaron agentes pastorales de la isla que los babalaos cubanos no fueron invitados a la reunión y se sintieron maltratados por haber sido echados a un lado. El cardenal Jaime Ortega y Alamino, arzobispo de La Habana, sanó los sentimientos dolidos al explicar que la razón de que los santeros no habían sido invitados era que, más bien, se trataba de una reunión para aquellos fuera de la familia católica, siendo que se considera a los santeros miembros del rebaño de la Iglesia.

Esta anécdota indica la difícil situación que la Iglesia de las Antillas Mayores enfrenta en relación con la Santería. Los santeros se consideran, a la vez, miembros heterodoxos y parte de la Iglesia. En efecto, la mayoría de los santeros que son católicos bautizados resultan ser tan dependientes de los símbolos y demás elementos del catolicismo para su religión sincrética, que la gran mayoría aun se consideran "católicos a su manera", o sea a su manera sincrética.

En ciertos pueblos cubanos, como por ejemplo en Pedro Betancourt (provincia de Matanzas), los babalaos les requieren a los que están en proceso de convertirse en santeros que completen primero los sacramentos de la iniciación en la Iglesia Católica. No es raro encontrar en algunas Eucaristías de entre semana en Cuba la asistencia mayoritaria de muchachos de origen africano que, sin embargo, raramente se ven en la Eucaristía dominical. Cuando le pregunté al párroco local sobre la razón de esta anomalía, me dijo que en Cuba, que tiene tan pocos sacerdotes, la Eucaristía de entre semana es a menudo una de las pocas Misas que se celebran por las intenciones de los difuntos. El respeto y la veneración por los espíritus de las personas fallecidas es un valor en la Santería. Los babalaos alientan a sus santeros en formación a asistir a estas Misas celebradas por los santeros y santeras fallecidos, como señal de reverencia por los muertos, valorados como aliados y mediadores ante los poderosos dioses y diosas africanos, de quienes se buscan favores espirituales y materiales.

El clero local es consciente de esta dicotomía, pero sostiene que, si tomasen medidas contra la práctica de los néofitos santeros, entonces se perdería una oportunidad pastoral de llegar a un segmento de la población, o sea, a los jóvenes afro-cubanos que, de otro modo, no encontrarían en la iglesia. Con el sistema actual siempre existe la esperanza de que, con paciencia, caridad y aprovechando momentos de enseñanza, se podría persuadir a algunos de los jóvenes para que lograsen regularizar sus ambiguas prácticas religiosas. El Mesías que se describe en Isaías 42:3 estaría muy a gusto con este arreglo: no se romperá la caña quebrada ni se apagará la mecha que arde débilmente.

La Santería es una religión con una variedad de expresiones. Por un lado, se trata de un problema de la superstición y de la mala formación religiosa de muchos católicos. Problema pastoral que podría superarse con un buen programa de formación de adultos que abordara los aspectos mágicos de la religión, siempre a la caza de una solución espiritual rápida a las vicisitudes y a los desafíos de la vida. Por otro lado, la Santería es la expresión de la resistencia religiosa y cultural de los africanos en las Américas, resistencia que requiere una respuesta más matizada y de largo plazo.

Si la Iglesia toma en serio el regalo de la cultura afrocaribeña en su seno, como parece estar haciendo en Brasil, será fiel a su catolicidad, sinónimo de su identidad universal que abarca todas las culturas. Entonces no tratará de convertir a africanos en españoles, como intentó hacerlo en el pasado. Más bien, debe valorar en un diálogo interreligioso serio y apoyar la cultura africana y sus valores, aún vivos en el Caribe a través de la Santería. La Santería es la única manifestación cultural y religiosa existente que puede servir como punto de arranque para un proyecto nuevo de evangelización inculturada de los afro-caribeños.

Los cubanos y puertorriqueños en Estados Unidos

Antes de cerrar este capítulo, merece la pena prestar atención a los cubanos y puertorriqueños en los Estados Unidos, tanto por su larga y numerosa presencia en el noreste y el sureste del país, como por las características únicas de estas diásporas que se distinguen de las poblaciones católicas en ambas islas. Ambos grupos han estado en los Estados Unidos desde el siglo XIX, pero la inmigración a gran escala se produjo, en el caso de los puertorriqueños, en la década de los años 50, y en el caso de los cubanos después de la Revolución Comunista en la década de los años 60. Hay 4.4 millones de puertorriqueños en el territorio continental de los Estados Unidos, número que representa el 9.4% de la población latina del país. Los puertorriqueños se establecieron en el noreste y en el área de Chicago, con migraciones posteriores a la Florida. Los cubanos son más numerosos en el sureste de Florida, en la ciudad de Nueva York y en el noreste del estado de Nueva Jersey. Hay aproximadamente 1.7 millones de cubanos en los Estados Unidos, que representan el 3.5% de la población hispana en el país.

Según un estudio de 2007 del Centro Hispano PEW que analiza las creencias y prácticas religiosas de los hispanos en los Estados Unidos, *Changing Faiths,* el 49% de los puertorriqueños se identifican como católicos, comparados con el 68% de los otros latinos en el país. Los puertorriqueños son los más protestantes de los hispano-estadounidenses: el 27% se identifica como evangélico, el 9% como protestantes históricos y el 4% como otro tipo de cristiano. Mientras que el 54% de todos los latinos católicos estadounidenses se identifican como carismáticos, entre los puertorriqueños la estadística es el 62%. Esto significa que el catolicismo puertorriqueño en los Estados Unidos se distingue por su entusiasta y animada manera de ser, donde la música y los testimonios laicos juegan un papel importante.

Los puertorriqueños en los Estados Unidos son una población en riesgo con índices de pobreza altos, bajo logro educativo, altas tasas de divorcio y nacimientos fuera del matrimonio. Por ejemplo: el 72.3% de los puertorriqueños en los Estados Unidos terminaron la secundaria, comparado con el 85.5% de la población total estadounidense. Solamente el 15.1% de los puertorriqueños en los Estados Unidos tiene el título básico universitario (BA) (el promedio nacional es del 28%). El 55.3% de los puertorriqueños en los Estados Unidos genera menos de $35,000 por año, comparado con el 35.6% de toda la población estadounidense. El 42.6% (1, 147,000) de puertorriqueños que son mayores de quince años de edad nunca se ha casado (el porcentaje nacional para los latino-estadounidenses es el 35.2%). Solamente el 38.9% (1, 047,000) de los puertorriqueños en los Estados Unidos está casado, comparado con el 50.7% de todos los hispano-estadounidenses. El 10.5% (281,000) y 4.5% (120,000) de los puertorriqueños en los Estados Unidos está divorciados y ha enviudado, comparados con el 7.3% y 3.5%, respectivamente, de todos los latino-estadounidenses.

Muchos puertorriqueños en Nueva York tienen consciencia de su rol histórico como pioneros en la Iglesia y en la sociedad en general. Siendo el primer gran grupo hispano en el noreste, se encontró con la discriminación y sirvió como precursor del catolicismo latinoamericano en una Iglesia que era principalmente europea. Como el patrón de su isla, San Juan Bautista, su papel fue el de ser precursor de otros grupos latinos que le siguieron. Como en el caso de Juan el Bautista, esto significó sufrir y tener que clamar en el desierto sin ser escuchado.

La historia de los refugiados cubanos en los Estados Unidos

no se parece a ningún otro grupo hispano-estadounidense. La inmigración cubana se caracteriza por un alto nivel educativo y éxito económico. A la vez que por ser uno de los únicos grupos hispanos que recibió ayudas económicas y jurídicas para su ubicación en los Estados Unidos por parte del gobierno norteamericano. Muchos de los cubanos pertenecían a movimientos laicos católicos que fueron trasladados de la isla a los Estados Unidos, movimientos que suplieron bien las necesidades de un liderazgo laico bien formado que la Iglesia norteamericana, especialmente en Miami, tenía en aquel momento. Entre esos movimientos podríamos nombrar a la Agrupación Católica Universitaria, la Acción Católica, el Movimiento Familiar Cristiano, y los antiguos alumnos y alumnas de colegios y universidades católicos como Belén, los maristas, el Sagrado Corazón, Villanueva y las dominicas norteamericanas.

También, a diferencia de otros grupos latino-estadounidenses, los cubano-americanos vinieron con su propio clero. Estos sacerdotes y religiosas prepararon el camino en el ámbito eclesiástico y contribuyeron a la cubanización de la Iglesia en Miami. En la actualidad podemos decir que las vocaciones cubano-americanas al clero diocesano han crecido y los cubano-americanos están sobre-representados en las filas del episcopado norteamericano en comparación con su población. Otra característica de los cubano-americanos es que la tragedia del exilio creada por la revolución castrista ha dejado una cicatriz profunda en la experiencia colectiva del grupo. El catolicismo cubano-americano es sospechoso de ciertos movimientos progresistas a favor de la justicia social que a veces han adoptado acríticamente elementos marxistas.

La población cubano-americana también tiene otros indicadores demográficos que la distinguen de otros grupos hispano-estadounidenses. Por ejemplo, tienen el número más grande de personas que se identifican como seculares, según el estudio de 2007 del Centro Hispano PEW: el 14% para cubano-americanos, comparado con el 8% de todos los hispano-estadounidenses. También es el grupo hispano-estadounidense con mayor número de ancianos o aquellos mayores de 65 años de edad: el 18.1% para cubano-americanos comparado con el 12.1% para el resto de los hispano-estadounidenses.

Conclusión

Bendecidas por Dios con una belleza natural incomparable, las Antillas Mayores también han sido maldecidas por los hombres que las han hostigado a través de epidemias y todo tipo de explotación. El mestizaje principal de gente de España y África ha dado a luz a un catolicismo que es, a la vez, totalmente cristiano, fervoroso, sincrético y supersticioso. No obstante, esta forma de vivir la religión católica nos proporciona (a los que vivimos en Norteamérica y nos hemos acostumbrado a una Iglesia rica en clero y quizás demasiado jurídica en su manera de enfocar cuestiones de identidad católica) otras maneras alternativas de vivir la fe y de concebir qué es la Iglesia y qué es ser católico. Además, en el catolicismo caribeño observamos una fusión del catolicismo con la cultura popular, especialmente la música popular, que el joven catolicismo norteamericano todavía no ha desarrollado. Por ejemplo, escuche, entre otros, la música de Celia Cruz, la India, Juan Luis Guerra, todos mega-estrellas de la música latina contemporánea, y fácilmente podrá discernir en la letra de sus canciones el contenido teológico y profético de la imaginación católica.

Juan Luis Guerra, ahora un evangélico "nacido de nuevo", ilustra este punto con la conmovedora letra del éxito que tuvo antes de su conversión, "Visa para un sueño". La canción del 1989 suena más como una oración para una política migratoria estadounidense más justa y pasaje seguro para los miles que no tienen la buena suerte de conseguir visado para la tierra de sus sueños y una mejor vida. Esta canción es un grito de corazón por la justicia que la típica balada merenguera superficial y chistosa.

Guerra canta de dos hombres, uno un seminarista y el otro un obrero, esperando un visado desde temprano en la mañana del 8 de enero en la embajada norteamericana en Santo Domingo; un visado a sus sueños de una mejor vida. Cuando, a las nueve de la mañana, la fila de gente que lleva ahí desde antes del amanecer es despedida -porque se ha cumplido la cuota para los visados de ese día- resurge la única opción que hay, la única esperanza de que se realice el sueño para una mejor vida: arriesgarse la vida cruzando por balsa a Puerto Rico; pasar a través del Canal de la Mona, donde el riesgo de volcarse, de ser devorados por tiburones o de ser interceptados por un helicóptero guardacostas norteamericano es siempre una posibilidad en el horizonte.

Para reflexionar y comentar

- ¿Está de acuerdo o no en que la escasez de clero en el Caribe ha sido una bendición disfrazada para la Iglesia, pues ha producido un catolicismo laico floreciente?
- ¿Qué desafíos, además de una mejor catequesis, suponen las diferentes formas sincréticas del catolicismo caribeño para la Iglesia?
- ¿Puede identificar otros ejemplos de cómo el catolicismo influye en la cultura popular musical del Caribe? ¿Esto es algo bueno o malo?

3

MÉXICO Y CENTROAMÉRICA

Introducción

Hay más de 155 millones de católicos en la región meso-americana que ubica una plétora de países, desde el gigante de la zona, México, hasta muchos otros países más pequeños, entre ellos: Guatemala, Honduras, Nicaragua, El Salvador, Panamá y Costa Rica (Véase el Tercer apéndice: La Iglesia latinoamericana en cifras, para las estadísticas demográficas por país). Si el catolicismo caribeño se destaca por la influencia africana, el meso-americano se distingue por la influencia amerindia. Sin embargo, deseamos subrayar otros dos aspectos del catolicismo meso-americano en este capítulo, o sea, la dimensión mariana de la religiosidad popular y la dimensión profética. De nuevo, estos son rasgos presentes en los catolicismos de otras partes del continente, pero en Meso-América han jugado un papel especialmente significativo.

Nuestra Señora de Guadalupe

Es divinamente irónico y tan característico del llamado "principio cenicienta" de la Biblia que, desde la periferia a donde fueron desechados por los españoles, el Dios de los conquistadores envió a la Madre de su Hijo, María de Guadalupe, para evangelizar a los amerindios con un mensaje de amor y de validación cultural. La Virgen María se apareció al devastado y marginado mundo indígena al comienzo de diciembre del 1531, a uno de ese mundo: Juan Diego Cuauhtlatoatzin (1474-1548), canonizado por el Beato Juan Pablo II el 31 de julio del 2002 en el Distrito Federal, México. El lugar de las apariciones es muy significativo. Nuestra Señora de Guadalupe apareció en la colina de Tepeyac, en las afueras de la capital del Virreinato de la Nueva España, lejos del zócalo, sede del virrey y del obispo y de los poderes políticos y eclesiásticos de aquel entonces.

Además, Nuestra Señora apareció como una joven amerindia embarazada, con ojos caídos en gesto de humildad y vestida con muchos de los símbolos de la religión azteca. Llamó a San Juan Diego cariñosamente por su nombre, y en náhuatl, la lengua de los aztecas, y lo misionó a que le pidiera al obispo, Fray Juan de Zumárraga, O.F.M., que le construyera un templo en la colina de Tepeyac, en los márgenes de la sociedad que la corona española estaba edificando en México. A penas diez años después de la brutal conquista del imperio azteca, las apariciones de Nuestra Señora produjeron la más increíble y pacifica *inculturación* y una de las incontables conversiones indígenas al catolicismo más significativas en la historia del mundo moderno.

La madre de todas las apariciones marianas latinoamericanas, Guadalupe, bellamente ejemplifica (y, sin embargo, no agota) la identidad mariana del continente y de la región. Una constante del catolicismo latinoamericano es la conexión entre las identidades nacionales e identidades católicas locales, de tal manera que cada país puede señalar a su propia patrona mariana nacional y, a veces, incluso varias patronas correspondientes a diferentes partes del mismo país. Por ejemplo, México solamente, cuenta con trece santuarios marianos de diferentes patronas locales, además del Santuario de Guadalupe en la capital: Zacatecas, Guanajuato, San Juan de los Lagos, Juquila, Izamal, Ocotlán, Querétaro, Pátzcuaro, Monterrey, León, Oaxaca y Guadalajara (Véase el Segundo apéndice para una lista completa de las patronas marianas latinoamericanas). Un ejemplo de cómo María une tanto la identidad religiosa de esta región con la de toda la nación es la manera en que Nuestra Señora del Rosario se proclamó "Reina de Guatemala". En 1821 los líderes del movimiento de independencia en Centroamérica, encabezado por Juan de la Concepción, escogieron a Nuestra Señora del Rosario como patrona del país. Más tarde, en 1833 el obispo de Guatemala solemnemente la proclamó reina del país.

La Iglesia y la violencia en México y Centroamérica

A igual que en Brasil y en el Cono Sur de América Latina, la Iglesia tuvo que enfrentarse a gobiernos represivos de seguridad nacional por buena parte de la segunda mitad del siglo XX. Tuvo también que hacer frente a una violencia desenfrenada que, en forma de guerras civiles y levantamientos, afligió a México y a Centroamérica dejando cientos de miles de personas muertas, entre ellas laicos comprometidos, sacerdotes, religiosas e incluso obispos. Por ejemplo, se calcula que la guerra civil de El Salvador, que duró de 1980 a 1992, tomó la vida de entre 75,000 y 80,000 personas, desplazó a 550,000 personas en el interior del país y que motivó la salida de 500,000 del país. En Guatemala la matanza de la población civil, en gran parte indígena, fue tan extendida que algunos la han llamado un genocidio: entre 1978 y 1983, durante las dictaduras militares de Lucas García y Ríos Montt, fueron asesinadas entre 100,000 y 150,000 personas; cerca de 1, 000,000 de personas fueron desplazadas dentro del país y otras 200,000 huyeron a campos de refugiados en México. ¡Y esto en un país que, en aquel entonces tenía una población de aproximadamente 9, 000,000 de habitantes! Lamentablemente las matanzas del siglo pasado continúan en México y Centroamérica hoy en día. Sin embargo, esta vez los protagonistas no son las fuerzas armadas o escuadrones de la muerte derechistas, sino las bandas criminales del narcotráfico internacional.

Para algunos países centroamericanos como Guatemala, El Salvador y Nicaragua las guerras civiles tuvieron una fisiología común de sociedades agrarias casi feudales y polarizadas entre oligarquías obscenamente ricas y campesinos sumamente pobres. Teniendo como telón de fondo internacional la guerra fría entre los Estados Unidos y la Unión Soviética, así como la amenaza de propagación de la Revolución Cubana, estas guerras civiles tuvieron como factor común la intervención extranjera, ya fuera de manera directa o indirecta a través del apoyo económico que se le proporcionó a las diferentes facciones. Tanto la sociedad, como la Iglesia de estos países estaban polarizadas entre grupos progresistas y conservadores.

Este fue especialmente el caso de Nicaragua donde el cardenal Obando y Bravo (quien primero se opuso a la dictadura de Somoza y después al gobierno socialista sandinista) se convirtió en el principal portavoz de la oposición armada contra el gobierno sandinista, oposición reconocida como los ”contras”, financiados por el gobierno norteamericano. Esta situación hizo la vida eclesial particularmente difícil, porque muchos cristianos progresistas, especialmente en las *Comunidades Eclesiales de Base* (CEBs), junto con algunos sacerdotes, funcionaron como ministros del gobierno que apoyaron a los sandinistas. Sin embargo, en México, Guatemala y El Salvador el liderazgo de la Iglesia jugó un papel más conciliatorio en los levantamientos y guerras civiles. El arzobispo de San Salvador, Arturo Rivera y Damas, el obispo de Chiapas, México, Samuel Ruiz y el obispo de Zacapa y Santo Cristo de Esquípulas, Guatemala, Rodolfo Quezada (más tarde cardenal y arzobispo de Ciudad de Guatemala), sirvieron como puentes entre el gobierno y las guerrillas fomentando el diálogo político y la reconciliación nacional entre los grupos armados.

Profetas y Mártires

Otra importante faceta del catolicismo meso-americano ha sido su rol profético. Los católicos progresistas norteamericanos están familiarizados con tales personajes icónicos como el asesinado arzobispo de San Salvador, Oscar Arnulfo Romero, igual que el obispo colonial Bartolomé de las Casas, O.P. de Chiapas, México, el encomendero que se convirtió en el defensor de los amerindios. Estas son figuras célebres por los escritos de los teólogos de la liberación Jon Sobrino, S.J. y Gustavo Gutiérrez, O.P. Tanto Romero como Las Casas representan la dimensión profética del catolicismo que se remonta al período de los grandes padres u obispos de la Iglesia e incluso al propio ministerio del mismo Jesucristo.

Sin embargo, estos profetas clericales no son los únicos representantes de la dimensión profética del catolicismo mesoamericano. Cientos de seglares también han encarnado ese mismo espíritu profético y, como Romero, han derramado su sangre por la fe. México, al comienzo del siglo XX vio un período de brutal persecución religiosa a manos de liberales anti-clericales y a veces de élites ateas. El Salvador a finales del siglo XX también vio la violencia contra laicos comprometidos, especialmente contra catequistas y contra otros agentes pastorales, involucrados en el proceso eclesial de *aggiornamento* después del Vaticano II y de las conferencias generales de los obispos latinoamericanos en Medellín (1968) y Puebla (1979), que iniciaron el cambio de una Iglesia en solidaridad con los anhelos de los pobres en pos de un orden social más justo. Este cambio ya se había iniciado antes del Vaticano II con la aplicación de la Doctrina Social de la Iglesia a través de movimientos sindicales católicos de la década de los años 20 y con la Acción Católica de los años 50, movimientos estos inspirados por la promulgación de la *Rerum novarum* de León XIII al ocaso del siglo XIX.

Las guerras civiles que castigaron a Centroamérica en la segunda mitad del siglo XX también produjeron el testimonio heroico de cientos de cristianos que trabajaron contra la injusticia y violencia que afligió a sus compatriotas. Esto fue un testimonio cristiano de solidaridad, paz, no-violencia, abogacía de derechos humanos y justicia que le costó la vida a muchos de ellos a manos de escuadrones de la muerte derechistas, guerrillas y las fuerzas armadas. Como testimonial de los cientos de cristianos, ordenados y laicos, que murieron en Centroamérica durante este período, quisiéramos destacar la historia de diez de ellos: Rigoberta Menchú Tum de Guatemala, ganadora del premio Nobel de la paz en 1992 , el arzobispo Oscar Romero, asesinado en 1980 por un miembro de un escuadrón de la muerte derechista en la capilla de un hospital de San Salvador mientras celebraba la eucaristía y los seis jesuitas y dos mujeres que fueron asesinados en 1989 por el ejército salvadoreño en la Universidad Centroamericana "José Simeón Cañas" (UCA) de San Salvador.

Rigoberta Menchú Tum, nacida en 1959, es una amerindia quiché que creció en el altiplano guatemalteco en un hogar que practicaba el catolicismo y las tradiciones culturales indígenas. Su padre Vicente era miembro de la Acción Católica y militante a favor de los derechos de los campesinos indígenas a través del Comité de Unión Campesina (CUC). Eventualmente se hizo miembro del Ejército Guerrillero de los Pobres y falleció en el cerco de la embajada española en 1980. La Acción Católica guatemalteca, con la ayuda de los padres Maryknoll y del Sagrado Corazón, formó a toda una generación de liderazgo indígena en la Iglesia guatemalteca. Muchos de ellos fueron catequistas que también promovieron cooperativas campesinas y campañas de alfabetismo y concientización entre los suyos en el campo.

Rigoberta misma fue una catequista que, de joven recibió una profunda influencia de la interpretación liberacionista de la Biblia en las Comunidades Eclesiales de Base (CEBs). En figuras bíblicas como Judith, Moisés, David y Jesús mismo, se cree que encontró modelos que promovieron su solidaridad y servicio para con la comunidad indígena. Su padre, su madre y su hermano menor fueron víctimas de la violencia en Guatemala. Tiempo después, en 1979 y en el medio de la peor represión de las dictaduras militares guatemaltecas, se enlistó como organizadora del CUC y viajó por todo el país estableciendo este sindicato campesino con hondas raíces cristianas. En 1981 huyó del país y buscó santuario en México. Durante su exilio escribió con Elizabeth Burgos, una antropóloga venezolana, *Yo, Rigoberta Menchú*, una auto-biografía que se convirtió en éxito internacional.

Volvió a su país al final de la guerra civil guatemalteca para continuar con sus proyectos en favor de los derechos humanos y de los pobres. Uno de tantos proyectos consistió en intentar llevar a juicio a los dictadores militares por el genocidio y actos de tortura realizados durante la guerra civil, proyecto que intentó a través de la promoción de compañías que proporcionan medicinas a precios accesibles para los pobres y por medio de la defensa de los derechos de las mujeres, a través de la Iniciativa de Mujeres Premio Nobel. En 2007 y 2011 se postuló para la presidencia de Guatemala, pero sin éxito. Sin embargo, no toda la notoriedad de Menchú ha sido positiva. En 1999 fue criticada por el antropólogo David Stoll quien investigó los hechos acerca de su infancia y las atrocidades que sufrió su familia durante la guerra civil guatemalteca. Hechos que narró en una biografía de Rigoberta, y sobre los cuales encontró varias falsedades.

Óscar Arnulfo Romero y Galdámez nació en el pueblo de montaña Ciudad Barrios, en la parte oriental de El Salvador, cerca de la frontera hondureña. Su padre, Santos era telégrafo y su madre Guadalupe de Jesús, era ama de casa de una familia de ocho hijos; Óscar fue el segundo hijo. Aunque la familia no era rica, sin embargo, el empleo del padre aseguró cierta estabilidad económica para la familia que tenía una vida más cómoda que sus vecinos. A los trece años entró en el seminario menor y fue seleccionado para completar sus estudios teológicos en Roma, en la Pontificia Universidad Gregoriana. Fue ordenado en la Ciudad Eterna en 1942 y regresó a casa en 1944, sin terminar el doctorado en Teología ascética que había comenzado. La inteligencia de Romero rápidamente lo llevó de ser cura de campo a rector de seminario, funcionario diocesano, rector de la catedral, editor del periódico diocesano, obispo auxiliar de San Salvador y obispo de su diócesis nativa, Santiago de María. Durante estos años descubrió el poder de la evangelización radiofónica y emitió sus sermones por la radio a una audiencia principalmente campesina. Sin embargo, era conocido por su carácter introvertido, por tener una perspectiva teológica tradicional y por su política social conservadora.

En febrero de 1977 fue nombrado arzobispo de San Salvador para remplazar a Luis Chávez quien había liderado la arquidiócesis por 38 años desde 1938 y quien introdujo muchos cambios progresistas a su pastoral después del Vaticano II y Medellín. Poco tiempo después de su instalación como arzobispo, un amigo cercano de Romero, el padre Rutilio Grande, S.J., párroco de una parroquia rural conocida por su promoción de los derechos campesinos, fue asesinado por paramilitares. Este evento y la escasa acción gubernamental para investigarlo, radicalizaron la postura de Romero. Se negó a aparecer en público con representantes del gobierno y estableció una comisión arquidiocesana para investigar abusos a los derechos humanos. Comenzó a emplear sus homilías dominicales no solamente para explicar la palabra de Dios, sino también para detallar y denunciar los abusos que ocurrían por todo el país. Es de mencionarse que en un país a punto de guerra civil estas homilías transmitidas por la radio se hicieron sumamente populares. También asumió un papel internacional hablando en el extranjero en contra de los abusos de los derechos humanos en su país, incluso escribiéndole al presidente de los Estados Unidos Jimmy Carter pidiéndole que suspendiera la ayuda militar al gobierno salvadoreño a causa de los abusos a los derechos humanos por parte de las fuerzas armadas salvadoreñas. Estas denuncias proféticas aislaron a Romero de la mayoría de los obispos del país, quienes denunciaron su radicalismo ante la Santa Sede.

El 24 de marzo de 1980 fue asesinado por un escuadrón

de la muerte derechista mientras celebraba la Eucaristía en la capilla de un hospital. Diez días después, se celebró su funeral en la plaza de la catedral. Asistieron miles de personas de todas partes del mundo. La ceremonia fue interrumpida por tiroteos de edificios cercanos, lo que desencadenó fuerte alboroto. Varias decenas de personas murieron. En 1990 su sucesor, el arzobispo Rivera y Damas introdujo la causa de la canonización de Romero, en 1997 la Santa Sede aprobó que esta siguiera adelante. A Romero se le venera en la Iglesia Católica como siervo de Dios, mientras que siguen en proceso los demás requisitos necesarios para que sea llamado "santo". En la Iglesia anglicana ya es reconocido como santo y su fiesta se celebra el 24 de marzo. Desde 1998 una estatua de Romero ocupa un lugar de honor en la Abadía de Westminster en Londres, al lado de otros santos contemporáneos reconocidos por los anglicanos, como Martin Luther King, Jr. y Dietrich Bonhoeffer, pastor luterano asesinado por los Nazis.

El 16 de noviembre de 1989, seis profesores jesuitas y dos mujeres, la empleada Julia Elba Ramos y su hija adolescente, Celina, fueron brutalmente asesinados por las fuerzas armadas salvadoreñas en su casa del recinto de la Universidad Centroamericana. Los jesuitas asesinados que, en su mayoría eran españoles naturalizados, fueron Ignacio Ellacuría, filósofo y teólogo y rector de la UCA, Segundo Montes, fundador del Instituto de Derechos Humanos de la UCA y preocupado por los refugiados desplazados por la violencia en el país, Ignacio Martín -Baró, psicólogo social y fundador del Instituto de Opinión Pública de la UCA, Juan Ramón Moreno, teólogo, antiguo maestro de novicios y acompañante espiritual de muchas religiosas, Armando López, otro teólogo y antiguo rector de la universidad jesuita de Nicaragua y Joaquín López y López, el único salvadoreño de nacimiento entre los jesuitas asesinados, fundador de la red de colegios Fe y Alegría en El Salvador y secretario de la UCA.

El teólogo de la liberación Jon Sobrino, S.J., quien vivió con los mártires pero escapó a su suerte por estar fuera del país aquella noche fatídica, explica lo que hace a este grupo emblemático, entre los miles que murieron durante la guerra civil salvadoreña. Los jesuitas asesinados y los miles que han muerto a lo largo de América Latina por vivir una fe que busca la justicia en medio de la opresión y la injusticia, no han sido reconocidos oficialmente como mártires de la fe por la jerarquía de la Iglesia. Sin embargo, son popularmente recordados como mártires por la causa de la justicia inspirada en el Evangelio. Como profesores universitarios, los jesuitas buscaron seguir a Jesús de tal manera que sus quehaceres académicos se fijaran en el sufrimiento y opresión del pueblo salvadoreño a su alrededor. La institución educativa en la cual sirvieron, la UCA, se convirtió en una fuerza nacional que documentó y reveló las causas de la violencia y las injusticias de su entorno. En las palabras de Jon Sobrino: "Ellos 'hicieron milagros' y 'expulsaron demonios.' Los milagros ocurrieron al poner la ciencia y sus talentos, su tiempo y descanso, al servicio de la verdad y la justicia. Los demonios de los cuales defendieron a los pobres fueron el ejército, los oligarcas y el gobierno".

Así fue como los jesuitas crearon un nuevo modelo de universidad católica. Un modelo que nació de las injusticias y de la opresión del final del siglo XX en América Latina. Un modelo que buscó no solamente estudiar las complejidades de la condición humana y del mundo natural, además de formar jóvenes para ser ciudadanos responsables, sino también poner su reputación y recursos académicos al servicio de la lucha contra la injusticia y la opresión en un país quebrado por la guerra. Esta fue una opción por los pobres que significó la desconfianza y enemistad de muchos de los ricos y poderosos del país y que, al final fue causa de sus asesinatos. Sus asesinatos subrayaron que no eran víctimas cualesquiera de la violencia del país. Sus cuerpos no solamente fueron cruzados de balas sino que algunos de sus cerebros, las causas de sus martirios, fueron sádicamente mutiladas después de que fueron ametrallados.

Por su parte Julia Elba y Celina, la empleada y su hija que también fueron asesinadas con los seis jesuitas, representan lo que Jon Sobrino, S.J. llama "el pueblo crucificado". El pueblo crucificado son los cientos de miles de gente pobre, indefensa y anónima que, a lo largo de la historia han sido víctimas inocentes de los opresores de este mundo. Estos opresores han buscado salirse con la suya en su trato con el pueblo crucificado y negarle la dignidad que Dios mismo le dio. A lo largo de la historia (y aun hoy en día) han explotado de diversas y numerosas maneras al pueblo crucificado y, cuando este les ha resultado incómodo, lo han eliminado sin misericordia.

Conclusión

Hemos visto cómo la Iglesia en México y Centroamérica ha vivido una profunda espiritualidad mariana y un testimonio evangélico hasta la muerte contra la opresión y la injusticia. La Madre de Dios ha encontrado a lo largo de América Latina, y especialmente en la devoción de muchos (mexicanos y demás latinoamericanos) hacia Nuestra Señora de Guadalupe, un campo fértil para su culto. Y, como hemos visto, esta devoción ha incorporado ciertos rasgos propiamente latinoamericanos, en cuanto que se ha inculturado a lo largo del continente para expresar el acompañamiento maternal de Dios al pueblo latinoamericano. El dicho antiguo que afirma que la sangre de los mártires es la semilla de la Iglesia se ha comprobado en las vidas de miles de mexicanos y centroamericanos y en testigos de tanto renombre como Monseñor Romero y en los mártires de la UCA. En el próximo capítulo pasamos a examinar propiamente el continente suramericano y algunas de las características del catolicismo bolivariano.

Para reflexionar y comentar

- ¿Cuáles son algunas de las contribuciones religiosas y culturales que la devoción mariana hace a la manera en que se práctica el catolicismo en América Latina?
- ¿Piensa que las apariciones de Nuestra Señora de Guadalupe tienen relevancia para una espiritualidad contemporánea? ¿Cuáles serían?
- ¿De qué manera se ha convertido la sangre de los mártires en semilla de la Iglesia en México y Centroamérica durante la segunda mitad del siglo XX?

4

LOS PAÍSES BOLIVARIANOS

Introducción

El término "países bolivarianos" se refiere a esos países cuya independencia de la corona española vino por los esfuerzos del gran libertador suramericano, Simón Bolívar, al comienzo del siglo XIX. Incluyen a Bolivia, Colombia, Ecuador, Perú y Venezuela, o sea, los países de habla hispana en la mitad norteña del continente suramericano a lo largo de la cordillera andina ubicada en la parte occidental del continente y que corre del norte al sur del mismo (Véase el Tercer apéndice: La Iglesia latinoamericana en cifras, para estadísticas acerca de cada uno de estos países). La Iglesia en esta parte del continente se destaca por la gran influencia amerindia y los esfuerzos de la misma por inculturar la fe de manera que se respeten esas culturas originarias del continente. Otras importantes contribuciones de la Iglesia bolivariana son la Teología de la Liberación y sus esfuerzos de promover la paz y la reconciliación nacional en muchos países castigados por la violencia guerrillera y del narcotráfico internacional.

El catolicismo amerindio

En la cuaresma de 2011 los obispos bolivianos escribieron una Carta Pastoral, "Los católicos en la Bolivia de hoy: presencia de esperanza y compromiso", que provee un buen resumen de las características determinantes, oportunidades y retos del catolicismo boliviano. Dada la alta tasa de bolivianos proveniente de los pueblos originarios o amerindios (62%), es interesante notar la atención e importancia que los obispos le dan a un ministerio inculturado entre los mismos. Los obispos recalcan que ese ministerio a las poblaciones indígenas no involucra el reemplazo de sus valores con otros traídos de fuera. La inculturación del Evangelio en los pueblos originarios bolivianos es semejante al poner la levadura de Cristo y de su Reino en la masa de esos mismos pueblos (#11).

Los obispos admiten cándidamente que esto no siempre se produjo en la Primera Evangelización, pero citando el documento final de Aparecida (#477), se comprometen al entendimiento del encuentro entre las culturas y la fe que las purifica y les permite desarrollar sus virtudes para así enriquecerse. Consideran que todas las culturas buscan lo que es verdadero, la verdad que es Jesucristo. Siguiendo el pensamiento de Benedicto XVI, tal y como lo expresó en su documento postsinodal acerca de la palabra de Dios, *Verbum Domini* (#114), los obispos bolivianos ven el objetivo de la inculturación del Evangelio entre los pueblos originarios como uno que haría germinar las semillas de la Palabra y que ya se encuentran en esas culturas, de tal manera que florecían en auténticas culturas indígenas cristianas con sus propias expresiones de la vida, de la celebración y del pensamiento cristiano. A la vez, los obispos reconocen que las culturas indígenas necesitan purificarse de características contrarias al Evangelio. Subrayan el alcoholismo, la manera anti-evangélica de ciertas conductas en las fiestas del catolicismo popular, además del machismo (##44-46).

La Iglesia boliviana, quizás como ninguna otra en el continente, tiene un récord admirable de medio siglo de duración de inculturar el Evangelio entre los pueblos originarios. Una importante institución entre las muchas parroquias e institutos pastorales dedicados a la inculturación tanto en el altiplano como en la selva amazónica boliviana, es la universidad de los obispos, la Universidad Católica "San Pablo", con recintos en varias ciudades bolivianas. La facultad de Teología, ISET, ubicada en Cochabamba, por más de cuarenta años ha formado agentes pastorales bolivianos y desde 1994 es el primer centro educativo católico y latinoamericano en ofrecer una licenciatura eclesiástica en *misiología*, en colaboración con la Universidad Javeriana de Colombia. La lista de los que han enseñado en esta facultad y apoyan este programa con su actividad docente parece como el elenco distinguido del nuevo campo de la Teología Indígena: los padres Víctor Codina, S.J., John Gorski, M.M., Louis Jolicoeur, O.M.I., Enrique Jordá, S.J., Hans van den Berg, O.S.A., por nombrar solamente algunos.

ISET también es la sede de una importante colección etnológica, la Biblioteca Etnológica Boliviana, y publica *Yachay,* una revista de Cultura, Filosofía y Teología que con frecuencia presenta temas relacionados con el presente y el pasado de la Iglesia en Bolivia. Desde 1994 ISET también es la sede de un instituto de investigación misiológica dirigido por el padre Roberto Tomichá, O.F.M. Conv. El instituto ha publicado varias importantes investigaciones acerca de la espiritualidad amerindia y del diálogo entre el cristianismo y las culturas originarias. Además el instituto misiológico publica desde el 2004 la revista *Cuadernos interculturales CAMINAR* y también ha organizado desde 2005 un simposio que atrae a agentes pastorales bolivianos y expertos en Teología Indígena, muchos de ellos antiguos alumnos y profesores del ISET.

Juan Evo Morales Ayva ha sido presidente de Bolivia desde 2006. Es el primer presidente boliviano de descendencia amerindia y ha seguido un programa político populista y socialista semejante al de Hugo Chávez de Venezuela con quien está estrechamente aliado. Morales ha buscado integrar más en la vida del país a las poblaciones indígenas. Al igual que Chávez, Morales, que se considera católico, ha tenido enfrentamientos con la jerarquía católica, a la cual considera uno de los principales opositores de su programa social y político. Sin embargo, los obispos de su parte han apoyado al gobierno de Morales en su declaración de Bolivia como estado plurinacional. También apoyaron sus esfuerzos de mejorar la vida e incrementar el relieve socio-político de las comunidades indígenas a través de asistencia económica y otras medidas que buscan facilitar su plena participación e integración en la sociedad boliviana, que desde la Colonia los ha marginado ("Los católicos en la Bolivia de hoy", ##23-28, 34).

Sin embargo, también han criticado y expresado preocupación por algunas otras de las políticas y prácticas de Morales, como lo hicieron en su carta pastoral de la cuaresma de 2011. Primero, les preocupa lo parcial que es el gobierno, cuya política a favor de los amerindios a veces ha olvidado el bien común y ha creado inseguridad entre sectores criollos y mestizos de la población. Las políticas amerindias del gobierno tienen el efecto negativo de fomentar una dependencia política poco saludable por parte del pueblo indígena del gobierno de Morales (##40-41, 61, 83, 87, 90, 94, 95, 98, 100). Algunas de las demás políticas económicas del gobierno son preocupantes, especialmente la baja cantidad de inversión extrajera, la falta de diversidad económica, y la erosión y degradación del medio ambiente en tierras indígenas a manos de las industrias minera y de hidrocarburos, la baja productividad en negocios estatales y la falta de transparencia acerca de la asignación de las ganancias de los mismos, la creciente deuda y el aumento de la inflación (#72-76). Además, los obispos señalan ironías e, incluso se han quejado, de las políticas gubernamentales que menosprecian e ignoran la gran parte de la población boliviana católica y el papel que ha jugado el catolicismo en la cultura boliviana. Critican también ciertas intervenciones gubernamentales en asuntos religiosos. Como la organización de celebraciones de religiosidad popular indígena y encuentros religiosos ecuménicos e interreligiosos divorciados de la identidad católica del pueblo (##39, 42, 125,

127, 131-133). El programa educativo y social del gobierno de Morales también es preocupante para los obispos porque pretende cambiar las leyes educativas y matrimoniales del país para concentrar toda la formación de los maestros en mano del gobierno y legalizar el matrimonio de parejas del mismo sexo (##49-50, 52, 56, 110).

Quizás el mayor defensor y promotor en nuestros días de un catolicismo amerindio inculturado fue el obispo Leónidas Eduardo Proaño Villalba (1910-1988), conocido en Ecuador como el "obispo de los indios", por su labor a favor de las comunidades indígenas del país. En 1985, después de su jubilación, el beato Juan Pablo II confirmó ese título a petición de los amerindios. Fue obispo de Riobamba de 1954 hasta 1985 y participó en el Vaticano II. Formado en su juventud bajo la Doctrina Social Católica, la Acción Católica y la Juventud Obrera Católica.

Comenzando en 1956, siete años antes de la reforma agraria en Ecuador, promovió cooperativas entre los campesinos indígenas de su diócesis y les entregó grandes parcelas de tierras diocesanas a las mismas. Fue un pionero en la pastoral e introdujo a Riobamba la pastoral de conjunto, un instituto de investigación social (CEAS), escuelas radiofónicas para la educación popular de los indígenas (ERPE) y las Comunidades Eclesiales de Base. También fue un líder en la promoción de la evangelización inculturada de los pueblos originarios dentro y fuera de Ecuador. A esta tarea se dedicó de tiempo completo como presidente de la pastoral indígena de la conferencia episcopal ecuatoriana, después de su jubilación en 1985. Su labor pastoral innovadora a favor de los pobres y los amerindios ocasionó la visita apostólica de su diócesis en 1974 del padre Jorge Casanova, S.D.B., a petición de los obispos ecuatorianos. En 1976 fue encarcelado por la dictadura militar del país, junto con otros obispos y sacerdotes por sospecha de subversión. En 1986 recibió el premio Rothko de la paz (Houston, Texas) y fue nominado para el premio Nobel de la paz, en 1988 recibió el premio Bruno Kreisky por la defensa de los derechos humanos en Viena, Austria.

El ministerio de la Iglesia a favor de la paz y la reconciliación nacional

La violencia ha afligido a Colombia desde los años 40 y hasta nuestros días; primero en el campo y después en las grandes zonas urbanas. Se caracteriza por el conflicto armado, por los secuestros, por el sabotaje, por la explotación de niños-soldados, por el desplazamiento de miles de personas del campo, por un narcotráfico próspero y lucrativo y por el hurto de sus tierras a manos de las guerrillas y de grupos paramilitares. La pérdida de vidas ha sido asombrosa. El centro de investigación social de los jesuitas colombianos en Bogotá, CINEP, calcula que en los últimos treinta años cerca de 90,000 personas han muerto y 60,000 de estas eran civiles.

Los protagonistas de los actuales disturbios civiles en Colombia incluyen guerrillas izquierdistas que reciben apoyo extranjero como las FARC y el ELN. También son culpables los narcotraficantes de carteles como los de Medellín, Cali y grupos aliados a la guerrilla, además de delincuentes comunes, grupos paramilitares derechistas y las fuerzas armadas colombianas. En sus campañas contra los grupos previamente mencionados el ejército colombiano ha violado los derechos humanos (hecho documentado en varias ocasiones), especialmente por el uso de la tortura.

Los historiadores colombianos María Teresa Cifuentes Traslaviña and Helwar Hernando Figueroa Salamanca identifican la génesis del ministerio de la paz y de la reconciliación nacional contemporáneo de los obispos colombianos en la segunda mitad de los años 80. Señalan varios factores que los llevaron desde entonces a pedir una solución negociada y un análisis más diferenciado de las causas socio-económicas y políticas que afligen al país. Entre esos factores estuvo el recrudecimiento de la violencia en los años 80, la cual puso a más y más obispos en contacto pastoral directo con las víctimas de la creciente violencia que provenían de todos los estratos socioeconómicos del país, además de los discursos del beato Juan Pablo II a favor de la vida, la paz, el diálogo y la reconciliación durante su visita pastoral al país en julio de 1986.

Al inicio de los 90, tanto la conferencia episcopal colombiana como los obispos llamaron de manera independiente a una solución negociada a la violencia en el país y expresaron su deseo de participar como mediadores en un proceso nacional de reconciliación. Al mismo tiempo, algunos obispos y sacerdotes se han aliado con grupos guerrilleros y paramilitares tomando una postura más complaciente que les permite desarrollar su labor pastoral en las zonas controladas por estos grupos, a la vez que se enriquecen de sus favores económicos. La conferencia episcopal y obispos en general han desempeñado el papel de mediadores entre las guerrillas y varios gobiernos nacionales, especialmente cuando se ha dado un paro o un *impasse* en las negociaciones oficiales entre las guerrillas y el gobierno nacional, o cuando el gobierno nacional ha tratado de suspender el diálogo con las guerrillas y buscar una solución militar a la violencia del país. Estudios auspiciados por la conferencia episcopal colombiana y declaraciones de la misma han subrayado la complejidad de las causas de la violencia nacional y la necesidad de encontrar una solución pacífica y negociada de la misma.

Debemos destacar los esfuerzos tenaces y ecuánimes a favor de la paz llevados a cabo por el pasado presidente de la conferencia episcopal colombiana y arzobispo emérito de Medellín, Alberto Giraldo Jaramillo, P.S.S. Tanto los obispos como los sacerdotes colombianos han pagado un precio alto por sus ministerios a favor de la paz y la reconciliación nacional. Como tantos colombianos que han perecido por la violencia, entre 1989 y 2002, dos obispos, cuarenta y tres sacerdotes, dos hermanos y dos misioneros extranjeros han sido asesinados. Además cuatro obispos, nueve sacerdotes y un misionero extranjero han sido secuestrados y ocho obispos, tres religiosas y doce sacerdotes han sido amenazados por los grupos guerrilleros, fuerzas paramilitares, delincuentes comunes o narcotraficantes.

Un aspecto interesante de la violencia que ha sufrido Colombia recientemente es el impacto que ha tenido en una de sus devociones religiosas más populares. Se trata de la devoción popular de origen colombiano al niño Jesús, conocida como "el Divino Niño". Un salesiano italiano que trabajaba en Colombia, el padre Juan del Rizzo, que era devoto del Divino Infante de Praga mandó tallar en 1934 una estatua del niño Jesús para el templo salesiano de un barrio pobre de Bogotá. La imagen representa al Niño Jesús de ojos azules y cabello rubio, con manos abiertas y vestido de una túnica corta rosada. El padre del Rizzo primero propagó la devoción entre los jóvenes de la parroquia salesiana, pero pronto se difundió por toda la ciudad. Aprovechó su popularidad para pedirle a los devotos que frecuentaban el templo buscando favores divinos del Divino Niño, que ayudaran a los niños pobres del vecindario con ropa y comida. El padre del Rizzo distribuía pan y chocolate a los pobres del vecindario con las donaciones que recibía; su obra caritativa continua hoy en día con todo tipo de ayuda material y programas educativos, sociales y pastorales, ofrecidos por el ministerio de los salesianos del santuario.

Hoy, el santuario del Divino Niño de Bogotá, ubicado en un nuevo edificio construido en 1992, es visitado por cientos de miles de personas cada semana, incluyendo los ricos, poderosos y socialmente renombrados. Durante la ola de violencia que hostigó a Colombia en los años 80 y 90 muchos cuyos seres queridos habían sido secuestrados buscaron la ayuda del Divino Niño en su santuario bogotano. La devoción al Divino Niño no se limita al santuario de Bogotá ni se limita a estampitas y estatuas tradicionales en honor del mismo, sino que esta devoción cuenta hoy en día con varios blogs, páginas web, incluso una cuenta en *facebook* en su honor que detallan los diversos favores divinos recibidos, en Colombia y en todo el mundo, gracias a su intercesión.

La Teología de la Liberación

Quizás el mayor aporte de la Iglesia peruana en el período postconciliar fue la Teología de la Liberación. Mientras que este movimiento que comenzó en la década de los 60 tiene muchos focos en América Latina, se reconoce internacionalmente al padre Gustavo Gutiérrez Merino, O.P. como su fundador, y quien en la actualidad es profesor de la Universidad Notre Dame en los Estados Unidos. Nacido en 1928, Gutiérrez inicialmente estudió medicina en el Perú, pero más tarde cambio su especialización a la filosofía y la psicología, pasando después a estudiar en Lovaina, Bélgica. En 1955 comenzó sus estudios teológicos en Lyon, Francia, donde estuvo en contacto con los silenciados proponentes de la llamada *nouvelle théologie,* algunos de los cuales también fueron *periti* o consejeros teológicos de los obispos del Vaticano II. En 1959 fue ordenado para la Archidiócesis de Lima por el limeño, cardenal y arzobispo franciscano Juan Landázuri Ricketts (1913-1997), quien se convertiría en su amigo de por vida y defensor de la Teología de la Liberación. A su regreso a Lima en 1960 Gutiérrez ejerció como profesor de la Pontificia Universidad Católica del Perú y capellán de Unión Nacional de Estudiantes Católicos (UNEC). Fue durante los años que enseñaba en la universidad y trabajaba como asesor espiritual de los universitarios que desarrolló las ideas que terminarían siendo su famoso libro *La Teología de la Liberación* publicado en 1971. En 2001 Gutiérrez dejó el clero diocesano de Lima e ingresó en la Orden de Predicadores (dominicos) en Francia.

La Teología de la Liberación nació como respuesta al contexto latinoamericano del momento, caracterizado por la extrema desigualdad entre ricos y pobres y la violencia institucionalizada de las dictaduras militares de seguridad nacional que existieron durante la guerra fría entre los Estados Unidos y la Unión Soviética, y sus aliados. La Teología de la Liberación evolucionaría y se distinguiría por su reflexión crítica acerca de la fe en acción o praxis liberadora que busca promover los valores del Reino de Dios en la sociedad. Es una reflexión teológica que se desarrolla conscientemente desde, con y para los pobres, que son considerados la audiencia privilegiada de la proclamación que hizo Jesús del Reino de Dios. La Teología de la Liberación trata todos los temas clásicos de la Teología desde la perspectiva de los pobres y su liberación. Además de Gutiérrez, entre otros importantes teólogos del movimiento se encuentran Leonardo Boff de Brasil y Jon Sobrino, S.J. de El Salvador. La Teología de la Liberación tuvo su auge entre los años 60 y 80, gracias al gran impacto que tuvo en dos importantes reuniones de los obispos latinoamericanos: Medellín, Colombia en 1968 y Puebla, México en 1979. Muchas de las perspectivas de la Teología de la Liberación quedaron incorporadas en los documentos finales de estas reuniones e influyeron extensamente en el pensamiento y la pastoral de muchos obispos, sacerdotes, religiosas y laicos de la Iglesia en América Latina y en todo el mundo.

Las categorías teológicas empleadas por la Teología de la Liberación como la opción preferencial por los pobres, el pecado social y la contribución de las Comunidades Eclesiales de Base, entre otras, han quedado incorporadas en la manera de hacer Teología en muchas partes del mundo. De manera semejante han quedado plasmadas en los documentos magistrales de la Doctrina Social de la Iglesia, por ejemplo, *Libertatis conscientia* o la *Instrucción sobre libertad cristiana y liberación* promulgada en 1986 por la Congregación para la Doctrina de la Fe (CDF). Esta es la oficina de la Santa Sede encargada de la promoción y salvaguardia de la ortodoxia cristiana y (hace algunos años) liderada por el cardenal Joseph Ratzinger, ahora el papa Benedicto XVI.

Sin embargo, en 1984 la CDF publicó un documento muy crítico de la Teología de la Liberación llamado *Libertatis nuntius* o la *Instrucción sobre algunos aspectos de la "Teología de la Liberación".* Entre los puntos que el documento critica más severamente está el uso que la Teología de la Liberación hace del análisis marxista para entender la realidad y para leer los "signos de los tiempos", y promover el cambio y la justicia social. En particular la CDF expresó la preocupación de que algunos teólogos de la liberación identifican a los pobres a veces usando términos marxistas como "proletariado". En la filosofía marxista el proletariado es un grupo que está inevitablemente involucrado en una lucha de clases que solamente puede terminar en conflicto. Este entendimiento marxista de la historia es determinista y mina la unidad de la Iglesia y su enseñanza acerca de la libertad y del pecado. Otra crítica expresada tiene que ver con el Reino de Dios. Algunos teólogos de la liberación identifican esta realidad que, en último instancia es escatológica y un don de Dios, con proyectos políticos de este mundo que son ambiguos y limitados.

Para concluir esta sección acerca de la Teología de la Liberación me gustaría mencionar una iniciativa de la Iglesia progresista en esta parte del continente. Se trata de una iniciativa que tiene por objetivo ofrecer una educación de calidad para los pobres del continente, una iniciativa que comparte el espíritu de la Teología de la Liberación, y que se conoce como la red de colegios y escuelas "Fe y Alegría". Esta red católica de escuelas y colegios financiados por el gobierno comenzó en Venezuela en 1955 y desde entonces se ha divulgado por todo el continente. Fe y Alegría promueve la educación popular e integral además del bienestar social de aquellos que se encuentran en los márgenes de la sociedad. Ofrece educación primaria, secundaria y educación no-tradicional para adultos a través de escuelas radiofónicas y nocturnas para aquellos que no tuvieran acceso a una educación de calidad. El fundador del movimiento fue el jesuita español José María Vélaz, S.J. (1910-1985) que comenzó el primer centro en un vecindario pobre de Caracas. En 2010 había cerca de 1.5 millones de estudiantes participando en más de 4,100 centros de Fe y Alegría, empleando cerca de 44,000 elementos de personal administrativo y docente en 19 países, principalmente en América Latina pero también en España y el Chad.

Conclusión

La Iglesia en los países bolivarianos del norte de Sur América encara varios problemas comunes. Uno de ellos es la política populista de ciertos gobiernos con programas socialistas que han mejorado la vida de los pobres, pero que a la vez, han promovido iniciativas sociales que minan la Doctrina Social de la Iglesia, en cuanto a la santidad de la vida y la importancia de la familia tradicional. Ese sería el caso de los gobiernos de Venezuela, Ecuador y Bolivia. El Perú tiene la distinción de ser el lugar de nacimiento del movimiento católico latinoamericano mejor conocido y más influyente, la Teología de la Liberación. La Iglesia en Bolivia, Ecuador y Perú está compuesta por poblaciones indígenas significativas, a las cuales desde el Vaticano II la Iglesia ha tratado de servir y evangelizar de una manera más inculturada. Mientras que la Iglesia en Colombia se ha distinguido por la abundancia relativa de sus vocaciones sacerdotales y a la vida consagrada que le ha permitido convertirse en remitente de misioneros a otras partes del mundo; a la vez, ha tenido que enfrentar una situación de violencia nacional, de varias décadas de duración, por medio de sus esfuerzos por la paz y la reconciliación nacional.

Para reflexionar y comentar

- ¿Qué más le sorprendió de la Iglesia bolivariana y por qué?
- ¿Conoce de otros eventos o características asociados con la Iglesia bolivariana que no se mencionaron y los cuales piensa que deben subrayarse? ¿Por qué?
- ¿Qué aspectos de las iglesias particulares descritos en este capítulo hicieron contribuciones importantes a su iglesia particular? ¿Por qué?

5

BRASIL Y EL CONO SUR

Introducción

Con dos grandes y populosos países, Brasil y Argentina, e iglesias nacionales dinámicas, como la de Chile, el Cono Sur del continente es un motor de actividad pastoral. Comenzamos nuestra mirada de las iglesias particulares de esta parte de América Latina con la manera en que la Iglesia se enfrentó a uno de los momentos más oscuros de su historia reciente, las represivas dictaduras militares de la segunda mitad del siglo XX. Luego pasaremos al tesoro pastoral de América Latina, la Iglesia en Brasil, que ha sido pionera pastoral para muchas iniciativas características del panorama pastoral contemporáneo de la Iglesia latinoamericana. Nos fijaremos en tres de ellas: las CEBs, la pastoral bíblica que las caracteriza y la pastoral afro-brasileña. Concluimos el capítulo enfocando el papel que la música juega en la Iglesia latinoamericana y en particular la pastoral de evangelización con el fenómeno internacional de la Hermana Glenda de Chile.

La Iglesia y el estado de Seguridad Nacional

Uno de los eventos contemporáneos que ha afectado fuertemente a las iglesias particulares de Brasil y el Cono Sur latinoamericano ha sido su relación con varios gobiernos de seguridad nacional que ejercieron el poder desde los mediados de la década de los años 60 hasta los años 80. El estado de seguridad nacional fue una dictadura militar que pretendía defender la economía de libre mercado y la civilización occidental y herencia cristiana del movimiento comunista internacional que buscaba minar los mismos y remplazarlo con un estado ateo y socialista. Durante esta era de la guerra fría, el miedo de que la Revolución Cubana se extendiera a otras partes del continente estaba, en parte, detrás de esta reacción. En realidad estos gobiernos fueron notorios por su pobre planeación económica centralista, por la corrupción y por la violación de los derechos humanos e incluso por la persecución de la Iglesia, ya sea a través de la represión violenta de las fuerzas armadas y los aparatos de la seguridad del estado o a través de grupos paramilitares afines a las dictaduras militares. Generalmente y, de manera parcial, la Iglesia desempeñó un papel admirable y a veces heroico durante los años de las dictaduras militares. Según el historiador Jeffrey Klaiber, S.J. se puede dividir en dos fases: la primera fue de defensa de los derechos humanos durante las dictaduras militares y la segunda fue el papel que jugó en los procesos de paz y reconciliación nacional que culminaron en la vuelta a gobiernos democráticos.

A través de muchos gestos simbólicos la Iglesia desacreditó las reclamaciones de las dictaduras militares con la intención de salvaguardar la herencia cristiana de la nación y, en consecuencia, reforzó a la oposición. Por ejemplo, en Paraguay los obispos castigaron al general Stroessner y a su gobierno al no invitarlos a ciertas procesiones religiosas nacionales donde era acostumbrado que representantes gubernamentales estuvieran presentes. En esa misma línea el arzobispo Rolón, de Asunción, Paraguay organizó procesiones en silencio y a luz de vela por la capital para protestar por las medidas más represivas de la dictadura. La Iglesia también estableció centros para la protección de los derechos humanos como la Vicaría de la Solidaridad de la Arquidiócesis de Santiago de Chile, la Tutela Legal de la Arquidiócesis de San Salvador y la Comisión de Paz y Justicia de la Arquidiócesis de Sâo Paulo; en otras formas menos espectaculares, a través de la fundación y apoyo dado a tales grupos populares como las CEBs, grupos juveniles, clubes de madres, comedores populares, cooperativas campesinas a lo largo de todo el continente latinoamericano. Este apoyo fue brindado cuando la libertad de asamblea estaba prohibida o seriamente impedida por las dictaduras militares. Entonces, estos grupos, especialmente sus celebraciones litúrgicas, se convirtieron en importantes espacios de discusión libre, de concientización o de percepción crítica de lo que pasaba en la sociedad, además de convertirse en espacios formación para el liderazgo y para la solidaridad mutua. Este fue justamente el caso de las muchas mujeres que participaron en estos grupos durante los días más oscuros y represivos de los gobiernos de seguridad nacional.

Sin embargo, el significado de la actuación de la Iglesia durante este tiempo es aún más profundo como Klaiber ha destacado en su libro acerca del papel de la Iglesia durante las dictaduras militares y guerras civiles de ese período. Como hemos visto, el rol político de la Iglesia durante el patronato real de la Colonia, con algunas excepciones ejemplares, era de legitimar la autoridad de la Corona. Durante el siglo XIX perdió su influencia entre las clases gobernantes liberales anticlericales y en la primera mitad del siglo XX entre las clases obrera y campesina, influenciadas por el marxismo y por movimientos populistas. Inspirada por la Doctrina Social de la Iglesia, por el Vaticano II y por Medellín, la Iglesia latinoamericana sorprendió a muchos que la tenían por una institución monolítica, anticomunista, socialmente conservadora, incapaz de cambiar. Sus acciones a favor de los derechos humanos, la democracia y la reconciliación nacional durante este período sangriento de gobiernos de seguridad nacional y guerras civiles, demostraron que la Iglesia era capaz de cambiar y ser una fuerza positiva para el cambio social y la democracia en la sociedad latinoamericana. Incluso Klaiber ha escrito que la Iglesia se convirtió en el principal obstáculo para las dictaduras militares de esta época y esto impidió que se convirtieran en regímenes totalitarios como ocurrió en la Alemania de Hitler o la Unión Soviética de Stalin.

Además, la Iglesia sirvió como la única institución nacional a la cual todas las ideologías del espectro político podían aceptar como lugar común de encuentro. Ella sirvió de corte de última instancia adónde todos los partidos podían acudir para resolver sus diferencias. Bajo el auspicio de la Iglesia, varios grupos opositores a las dictaduras militares podrían llevar a cabo un diálogo pluralista que preparó el camino para crear unidad nacional contra las dictaduras y un programa de acción para regresar a la democracia. Por ejemplo, la Iglesia en Brasil desempeñó este rol cuando apoyó los esfuerzos de partidos políticos y organizaciones populares de unirse en oposición común al régimen militar, en Chile el cardenal Fresno, de Santiago hizo lo mismo y esto culminó en el Acuerdo Nacional que ofreció una alternativa democrática al gobierno del general Pinochet y durante su visita pastoral a Paraguay en 1988 el beato Juan Pablo II disgustó al general Stroessner cuando públicamente reconoció y se dirigió a los "constructores de la paz" de la sociedad paraguaya, la mayoría de los cuales eran la oposición política del régimen. Esto tuvo el beneficio adicional de darle a la Iglesia una nueva legitimidad entre las clases populares y algunos progresistas que se sentían alentados y consolados por la Iglesia en su lucha por sus derechos contra las dictaduras militares y las oligarquías que dominaban algunos de sus países.

Este fue un período de obispos excepcionalmente valientes, proféticos y carismáticos de todo el continente que se enfrentaron con las represivas dictaduras militares, frecuentemente con tremendo riesgo personal. Entre los más destacados que debían mencionarse de Brasil y el Cono Sur están los siguientes: el cardenal Pablo Evaristo Arns, O.F.M., el arzobispo Helder Câmara, el obispo Pedro Casaldáliga, C.M.F., el cardenal Aloísio Lorscheider, O.F.M., todos de Brasil, el arzobispo Ismael Rolón de Paraguay, el cardenal Raúl Silva Henríquez de Chile, el arzobispo Carlos Parteli de Uruguay, y los obispos Enrique Angelelli, Jaime de Nevares, y Jorge Novak, de Argentina. Sin embargo, más numerosos que estos grandes líderes religiosos, fueron los miles de sacerdotes, religiosas y sobre todo laicos que a gran riesgo personal y con frecuencia a precio de sus vidas e inspirados por su fe cristiana, protestaron pacíficamente contra las dictaduras militares y sus atrocidades.

Especialmente destacado es el papel jugado por los laicos de Argentina, donde en general los obispos no estuvieron públicamente opuestos a los dictadores militares como en otras partes de América Latina. Quizás los católicos argentinos más famosos fueron Adolfo Pérez Esquivel, que ganó el premio Nobel de la paz en 1980, y las madres y abuelas de la Plaza de Mayo. Pérez Esquivel había sido misionero laico en Riobamba, Ecuador y coordinador latinoamericano del Servicio para la Paz y la Justicia (SERPAJ), un grupo cristiano, ecuménico y pacífico que busca proteger y promover los derechos humanos. Pérez Esquivel jugó un rol decisivo en la organización de grupos pro-derechos humanos durante la dictadura argentina, entre ellos el de las madres y abuelas de la Plaza de Mayo. El grupo de las madres y abuelas, aunque no fue un grupo oficial de la Iglesia, bendecido por la jerarquía argentina, tenía una membresía de laicas católicas practicantes que asistían juntas a la Eucaristía para pedir y abogar por sus seres queridos desaparecidos durante la llamada "guerra sucia". La guerra sucia vio desaparecer a miles de personas a manos de las dictaduras militares entre 1976 y 1983. Estas decían oficialmente no tener conocimiento de sus paraderos. Estos desaparecidos fueron encarcelados en centros de interrogación clandestinos operados por las fuerzas armadas argentinas o el aparato de seguridad del estado y en los que eran torturados y asesinados rutinariamente. El uso llevado a cabo por las madres y abuelas de símbolos religiosos para expresar su angustia era sorprendentemente profético, dado el silencio de la mayoría de la jerarquía argentina. Por ejemplo, una vez llevaron clavos que representaban la crucifixión de Cristo que continuaba en los miles de desaparecidos de la guerra sucia del 1976-1983, en particular sus propios hijos y nietos.

Entre el episcopado argentino hubo varios obispos ultraconservadores que apoyaron sin reservas a los dictadores militares como el arzobispo Adolfo Tortolo de Paraná y el ordinario militar, el obispo auxiliar Victorio Manuel Bonamín, S.D.B. del ordinariato militar argentino y el arzobispo Antonio José Plaza de La Plata. La mayoría de los obispos argentinos, que no fueron tan ultraconservadores como los prelados anteriormente mencionados, rehuyeron denuncias públicas y prefirieron registrar sus quejas con los gobiernos militares en privado durante la guerra sucia, a pesar de que las atrocidades perpetradas llevaron a varios sacerdotes a la muerte.

Brasil: tesoro de creatividad pastoral del continente

Brasil es el país de mayor población católica del mundo. Su conferencia episcopal (CNBB) es la tercera más grande en el mundo, después de la italiana y la estadounidense. Su cultura e historia son diferentes de los otros países que hemos examinado no solamente por la influencia de Portugal en su identidad nacional, sino especialmente porque hasta 1889 permaneció como monarquía regida por un emperador brasileño. El estado continuó controlando a la Iglesia hasta 1891, cuando la nueva constitución separó a ambos. No obstante, el impacto que tiene la Iglesia brasileña en todo lo que tenga que ver con lo eclesiástico en el continente es indispensable para comprender la Iglesia latinoamericana contemporánea.

Es una iglesia particular caracterizada por una extensa participación laica que tiene una historia que remonta a la Acción Católica en la primera mitad del siglo XX y que recientemente ha florecido entre las clases obrera y campesina en las CEBs. Este movimiento laico dinámico, que ha sido descrito como el más numeroso del continente, ha prosperado por los esfuerzos de la CNBB que lo ha promovido y protegido, especialmente durante la dictadura militar que lo vio como campo fértil de la subversión y lo reprimió violentamente. Curiosamente, a la vez que la Iglesia brasileña ha sido caracterizada por movimientos laicos progresistas a lo largo de su historia, también han existido otros movimientos laicos que han sido más tradicionalistas y políticamente conservadores. Por ejemplo, el de Jackson de Figueiredo que fundó el Centro Dom Vital en 1922, el partido Acción Integralista Brasileña de Plínio Salgado, establecido en 1932, el movimiento Tradición, Familia y Propiedad de 1960 creado por Plínio Correa de Oliveira y los Heraldos del Evangelio de monseñor João S. Clá Dias creados en 1999, que se distinguen por su hábito religioso de caballero medieval. Sin embargo, a diferencia de lo que sucedió en Argentina, los obispos no permitieron a estos grupos laicos tradicionalistas y políticamente conservadores no dominar el catolicismo brasileño.

Las Comunidades Eclesiales de Base

El movimiento de las Comunidades Eclesiales de Base (CEBs), que busca reflexionar y vivir la vida a la luz del Evangelio, no ha sido tan numeroso en América Latina como en Brasil. Al comienzo de los años 60 y hasta el final de los años 80 su crecimiento, apoyado por la CNBB, no tuvo paralelo. En los años 90 el politólogo Scott Mainwaring calculó que había 100,000 CEBs en Brasil con cerca de una membresía de 2, 000,000. Su crecimiento alucinante en el Brasil, especialmente durante los años de la dictadura militar (1964-1985) que prohibió los sindicatos y los partidos políticos, estaba en parte relacionado con que era uno de los pocos lugares libres para que las clases populares, especialmente las mujeres, pudieran expresar sus opiniones políticas.

A pesar del importante rol político que las CEBs desempeñaron durante la dictadura militar brasileña, ellas fueron entidades religiosas. Fueron guiadas por la Teología de la

Liberación, especialmente por Leonardo Boff que sirvió de consejero teológico de la oficina de las CEBs en la CNBB y frecuentemente presentó en las reuniones nacionales de las CEBs. Son comunidades de fe que buscan poner la vida cotidiana en conversación con el Evangelio a la vez que son un foco local de solidaridad cristiana, vida litúrgica y acción a favor de la justicia y de los derechos humanos. La reflexión bíblica de estas comunidades se guía por el método hermenéutico o interpretativo del padre carmelita Carlos Mesters y merece nuestra atención porque representa lo mejor de la pastoral bíblica de la Iglesia latinoamericana. Mesters difundió su método de lectura bíblica en las CEBs brasileñas y después por todo el continente latinoamericano a través del Centro de Estudios Bíblicos (CEBI) de São Leopoldo, Brasil fundado en 1979.

Mesters propone que las Escrituras se lean siguiendo el método de Jesús que se encuentra en la historia de Emaús (Lc 24:13-35). El primer paso consiste en comenzar con la realidad. Al igual que Jesús se encontró con los discípulos entristecidos en el camino hacia Emaús, se les acercó y les preguntó qué pasaba, también así con nosotros. Comenzamos caminando junto con otros y acercándonos a la realidad que vivimos, especialmente sus problemas. Les ayudamos a darle una nueva mirada a esa realidad por medio de preguntas que los lleva a mirarla más críticamente. El segundo paso imita el modo en que Jesús empleó las Escrituras para iluminar los problemas que los discípulos experimentaron. Jesús empleó las Escrituras para demostrarles que su historia no estaba fuera de las manos de Dios. Este segundo paso emplea las Escrituras para iluminar la realidad y situarla dentro del diseño del plan de Dios. Jesús les enseñó cómo un instrumento de tortura y muerte, la cruz, fue transformada por Dios en signo de esperanza y vida. Por tanto, lo que representaba obstáculo para los discípulos en su caminar hacia Dios, se convirtió en la fuerza principal de su caminar, una nueva luz en el camino. El tercer y último paso es la apertura de los ojos y la inflamación de los corazones de los discípulos. Esto significa que los discípulos renacen, ellos mismos experimentan ese resucitar de sus miedos y dudas y regresan a la Jerusalén de donde huían. La Biblia en sí no produjo esta experiencia de esperanza y resurrección, solamente su lectura e interpretación en una comunidad acogedora de oración donde se bendice, fragmenta y comparte el pan. El tercer paso del método de Mesters comprende la creación de un entorno de fe, de solidaridad y del compartir donde el Espíritu Santo puede actuar y ayudarnos a entender el mensaje de Jesús y producir en nosotros una experiencia de resurrección y vida (Jn. 14:26, 16:13).

La pastoral afro-brasileña

Según las Naciones Unidas entre 20 y 30 por ciento de la población latinoamericana desciende de los esclavos africanos que fueron brutalmente desplazados al continente durante la Colonia. Desgraciadamente la mayoría de estas personas, a pesar de la legislación, sufre de discriminación y subdesarrollo económico. Ya hemos visto cómo el catolicismo caribeño está profundamente formado por estos hombres y mujeres. Los esfuerzos de la Iglesia brasileña de desempeñar una pastoral inculturada para con los afro descendientes es ejemplar y la vuelve pionera entre las iglesias particulares de América Latina. Brasil tiene la población más numerosa de afro descendientes de todo el continente, con una población de entre el 13% y el 7% de la población total del país. El estado brasileño con la concentración más numerosa de afro-brasileños es Bahía, en el norte del país. Se calcula que aproximadamente 67% de los afro-brasileños son católicos, el 21% son protestantes, el 7.6% no se identifican como religiosos y el 2.7% se identifican como otros.

Desde la década de los 70, el clero y los agentes pastorales que trabajan entre los afro-brasileños han desarrollado un ministerio que encara las necesidades de este grupo dentro de la Iglesia. En 1988 la CNBB estableció la Oficina de Pastoral Afro-Brasileña (PAB) bajo la dirección de la hermana María

Raimunda Costa y con la misión amplia de promover la inculturación del Evangelio en la cultura afro-brasileña y abogar por los grupos afro-brasileños en la Iglesia. En los últimos 23 años la PAB ha establecido el Grupo de Reflexión Teológica (GRT), que ha generado materiales con directrices generales para la pastoral afro-brasileña, también ha organizado conferencias para agentes pastorales de la pastoral afro-brasileña a nivel diocesano, regional y nacional, ha concientizado a la Iglesia brasileña acerca de la situación de los afro-brasileños. De la misma manera, ha establecido vínculos con grupos seculares y de otras tradiciones y religiones de afro-descendientes a nivel nacional y continental, también ha apoyado y promovido las vocaciones afro-brasileñas al sacerdocio y la vida consagrada, el diálogo interreligioso entre católicos afro-brasileños y personas de otras tradiciones religiosas, especialmente del candomblé.

La hermana Glenda y su música

Quizás no haya contribución cultural latinoamericana contemporánea más extendida que su música. De Juanes a Shakira, de Ricky Martin a Gloria Estefan, de Celia Cruz a Tito Puente, la variedad de artistas y géneros musicales que el continente ha producido es vertiginoso y tan difícil de catalogar como su flora y fauna. No es sorprendente entonces que los ritmos latinoamericanos de este continente musical, desde hace mucho tiempo se han ofrecido a Dios como alabanza y acción de gracias en todo tipo de encuentros religiosos, desde la más humilde reunión de la CEB a las más exquisitas y solemnes Eucaristías, por recordar importantes eventos nacionales. Desde las composiciones barrocas del hermano jesuita Doménico Zípoli, realizadas por coros guaraníes en los templos de las reducciones jesuitas del Paraguay, a la más contemporánea "Misa Criolla" del compositor argentino Ariel Ramírez y la cantante popular Mercedes Sosa, han acompañado, animado y transmitido la fe cristiana de América Latina a lo largo de los siglos. Presentar la esencia del catolicismo latinoamericano contemporáneo sin referenciar a su música sería un grave pecado de omisión.

Junto con Martín Valverde de Costa Rica, compositor y cantante con base en México y estrechamente vinculado a la renovación carismática, la hermana Glenda ha tenido una tremenda popularidad y éxito entre las generaciones jóvenes. Ella ha tocado una cuerda spiritual y se ha convertido en una fuerza evangelizadora a través de su guitarra y baladas espirituales. No deja de ser menos irresistible la propia vida y conversión de la hermana Glenda. Glenda Valesca Hernández Aguayo nació en Parral, Chile en 1971, la segunda de cuatro hermanos. Creció en Linares, Chile, en el seno de una familia de educadores cariñosa pero agnóstica. Aunque asistió a escuelas primarias católicas dirigidas por religiosas, sus años de secundaria se dieron en un ambiente secularizado de un colegio público chileno donde se desarrolla como una muchacha energética y carismática involucrada en los deportes, en la Cruz Roja y en el gobierno estudiantil.

Durante sus años de secundaria comienza a cantar con amigas en un grupo musical que se presenta en eventos públicos en su colegio y otros espacios de Linares. Uno de esos espacios era la Eucaristía Dominical y la Adoración Eucarística en la catedral de Linares, donde comienza a componer sus propias canciones religiosas. A la instancia del obispo Carlos Marcio Camus Larenas, defensor de los derechos humanos durante la dictadura de Pinochet, hace la primera grabación de su repertorio religioso. A los catorce años de edad, y contra la voluntad de su padre, comienza a acercarse a Cristo. Con la ayuda de una Biblia que ganó en un concurso musical diocesano, tiene un encuentro personal con Jesús en la oración y a los quince años de edad comienza un ministerio de evangelización musical cantando en la cárcel de mujeres de Linares. También ocurre en este tiempo que comienza a escuchar un llamado a la vida religiosa y en 1988 ingresa en la Hermanas de la Consolación y sigue su formación en Chile y Argentina. Trabaja en la pastoral juvenil con jóvenes populares en Tucumán, Argentina y después en la pastoral vocacional también en Argentina. Lleva a cabo estudios en Roma y Salamanca donde estudia Teología y Psicología, obteniendo el doctorado en este último.

Su creciente popularidad y éxito en la evangelización musical de los jóvenes a través de conciertos con buena asistencia y la venta de sus composiciones musicales, llevan a la hermana Glenda a abandonar a su comunidad religiosa para dedicarse de tiempo completo a este ministerio. Permanece consagrada al Señor pero en el orden de vírgenes consagradas. Esta forma antigua de consagración en la Iglesia ha experimentado recientemente un renacimiento. Hay aproximadamente unas 5,000 mujeres en el mundo que han decidido no casarse y dedicar sus vidas completamente a Dios mientras que siguen viviendo en el mundo y rezando la liturgia de las horas cada día. Viven su consagración en obediencia a su obispo local que recibe sus votos. La mayoría no viste hábito religioso distintivo y trabaja en empleos seculares en el mundo. Sin embargo, algunas se dedican a una pastoral más explícitamente eclesial. Este es el caso de la hermana Glenda que mientras desempeña su ministerio internacional de evangelización musical está bajo la jurisdicción del obispo de Terrassa en España, cerca de Barcelona, y sigue llevando el velo como signo de su consagración a Dios y de la dedicación a su ministerio de evangelización musical en la Iglesia.

Conclusión

La Iglesia Católica del Cono Sur latinoamericano ha sido una defensora ejemplar de los derechos humanos y promotora de la reconciliación nacional durante los años oscuros de las dictaduras militares que afligieron a la región en la segunda mitad del siglo XX. A la vez, la fe vibrante de esas iglesias particulares, especialmente el gigante continental, Brasil, el país con la población católica más numerosa de todo el mundo, ha sido la fuente de iniciativas pastorales creativas que han mantenido la fe viva entre los pobres y marginados. Aun cuando la Iglesia Católica ha perdido terreno ante la secularización, la indiferencia religiosa y el pentecostalismo, la iniciativa de las CEBs de formar comunidad en torno a la palabra de Dios sigue siendo un fuerte testimonio a la creatividad de la Iglesia brasileña. Y el papel que la música ha jugado en la inculturación de la fe en el continente perdura a través de los ministerios de evangelización de muchos, quizás más famosamente en las baladas a guitarra de la sensación internacional, la hermana Glenda.

Para reflexionar y comentar

- ¿Cómo ejerció la Iglesia una vocación profética y ministerio de reconciliación en Brasil y el Cono Sur latinoamericano durante las dictaduras militares de la segunda mitad del siglo XX? ¿No fue esto un caso de la Iglesia involucrada en la política, lugar al que no pertenece?
- ¿Cómo vitalizó a la Iglesia en Brasil y en toda América Latina la acción de las CEBs y su énfasis en la lectura de las Escrituras a la luz de los signos de los tiempos?
- ¿Ha descubierto que la música religiosa latinoamericana expresa tanto la cultura del continente y hace avanzar la misión de alabanza, adoración y evangelización de la Iglesia? ¿Cuál música latinoamericana le ha conmovido más profundamente? ¿Qué efectos ha producido en su deseo de acercarse a Dios y de servir a sus hermanos y hermanas?

Epílogo: Algunas sugerencias pastorales

En 2010 y 2011 muchos países latinoamericanos celebraron el bicentenario de su independencia de la corona española. Fue momento de dar gracias y hacer balance de cómo se han realizado los sueños de libertadores como Simón Bolívar, Gertrudris Bocanegra, Luisa Cáceres, Miguel Hidalgo, Bernardo O´Higgins, Francisco de Miranda, José Miguel Carrera, Manuela Sáenz, Policarpa Salavarrieta, José de San Martín, Francisco de Paula Santander, Antonio José de Sucre y otros. Uno de esos sueños era la unidad panamericana, que desgraciadamente solamente ha tendido un éxito modesto en los últimos doscientos años después de los intentos de corta duración de unidad política regional del siglo XIX como la Gran Colombia, la República Federal de Centroamérica, las Provincias Unidas del Río de la Plata y la Confederación Perú-Boliviana. Irónicamente ha sido la Iglesia latinoamericana, que en el siglo XIX era considerada una de las mayores enemigas de la independencia latinoamericana, que en nuestros tiempos más ha promovido esta unidad latinoamericana. Basada en una común fe cristiana y animada por la Santa Sede, la Iglesia en América Latina desde la creación del CELAM en 1955 ha tenido más éxito en la unificación de los pueblos latinoamericanos a través de sus estrategias pastorales comunes.

Ese sueño y obra pendiente de la unidad panamericana basada en la fe cristiana, tiene repercusión en las comunidades parroquiales estadounidenses que hoy, más que nunca se caracterizan por la membresía de creyentes de diferentes herencias culturales y étnicas. Sin duda, los dones de nuestra común fe y bautismo en Jesucristo, la palabra de Dios que nos rige a todos y la acción del Espíritu Santo que nos une en lazos de caridad expresados en una miríada de actos de solidaridad, especialmente nuestra participación en la Eucaristía, son las bases de esa unidad parroquial. San Agustín nos recuerda que no podemos amar de verdad lo que no conocemos. Entonces, para facilitar esos lazos fuertes de solidaridad y unidad que los cristianos de diferentes razas y etnias esperarían obtener, requieren medidas efectivas y prácticas al nivel local. Es verdad que algunas parroquias han llegado muy lejos en ese camino a través de varios programas prácticos que incluyen el trabajo conjunto en esfuerzos comunes para el bienestar de toda la comunidad parroquial, ferias internacionales donde se exponen a toda la comunidad parroquial las comidas y tradiciones de los diferentes grupos representados en la parroquia programas que incluyen, de la misma manera, liturgias multiculturales para eventos especiales, como la fiesta patronal de la parroquia, el Día de Acción de Gracias y solemnidades del año litúrgico como el Triduo Pascual o la Navidad.

Estos eventos que ayudan a construir la unidad y las celebraciones litúrgicas también deben llevar a lo que el beato Juan Pablo II llamó la Espiritualidad de la Comunión. Sin las actitudes que fundamentan esta Espiritualidad de la Comunión, nuestros esfuerzos por la unidad y el pluralismo corren el riesgo de no echar raíces profundas y quedarse en la superficie. Solamente con la ayuda de Dios podemos cultivar una espiritualidad de la comunión que nos ayudará a superar una catolicidad superficial que se parece al multiculturalismo secular, o sea, un bufet de diferentes elementos de diferentes culturas al que le falta una integración seria de las diferencias, las cuales representan precisamente la unidad en la diversidad.

¿Y, qué implica lograr una espiritualidad de la comunión? De acuerdo al beato Juan Pablo II, esto supone que la Iglesia se convierta en "un hogar y escuela de la comunión", donde florecerían las siguientes virtudes (*Novo Millennio Ineunte* #43):

- La contemplación del misterio de la Trinidad dentro de nosotros en la cual encontramos al otro que es nuestro hermano o hermana.
- Nuestros hermanos y hermanas en la fe deben considerarse miembros del cuerpo místico de Cristo y, por tanto, parte de mí, por ser yo también miembro de ese cuerpo.
- De esta manera podemos amistarnos y ofrecerles lo que necesitan. Así podríamos recibir del otro lo que él o ella es y lo que tiene que ofrecernos, como si fuera un regalo especialmente para mí.
- Finalmente, la espiritualidad de la comunión encarna la súplica de San Pablo (Gal. 6:2) de llevar las cargas de otros así, superando nuestras tentaciones omnipresentes del egoísmo que conduce a la competitividad destructiva, al arribismo, a la desconfianza y a la envidia de aquellos y aquellas que son diferentes de nosotros.

Para reflexionar y comentar

- ¿Cómo recibes los dones diferentes de los distintos grupos étnicos de tu comunidad parroquial? ¿Qué me impide recibirlos? ¿Qué gracia necesito pedirle a Dios para poder vivir personalmente la espiritualidad de la comunión del beato Juan Pablo II?
- ¿Qué éxito tiene tu comunidad parroquial al acoger la diversidad que existe en su seno? ¿Qué tanto vives la espiritualidad de la comunión que el beato Juan Pablo II recomienda? ¿Qué es necesario para que la vivas más coherentemente?
- ¿A la luz de todo lo que has leído en este libro, cuáles dones de la Iglesia latinoamericana piensas que Dios te ha dado a ti personalmente?

Primer apéndice: La población latina en EE.UU.[1]

Origen Latino	Población	Porcentaje de la población latina en EE.UU.	Estados con mayor concentración
Mexicano	31,673,700	65.5%	CA, TX, IL
Puertorriqueño	4,411,604	9.1%	NY, NJ, FL
Salvadoreño	1,736,221	3.6%	CA, TX
Cubano	1,677,158	3.5%	FL, NJ
Dominicano	1,360,476	2.8%	NY, NJ
Guatemalteco	1,077,412	2.2%	CA, TX
Colombiano	916,666	1.9%	FL, NY, NJ
Hondureño	624,533	1.3%	FL, TX, CA, NY
Ecuatoriano	611,457	1.3%	NY, NJ
Peruano	557,107	1.2%	FL, CA, NJ, NY
Nicaragüense	368,720	0.8%	FL, CA
Argentino	277,180	0.5%	FL, CA, NY
Venezolano	198,276	0.4%	FL, NY, CA
Panameño	170,057	0.4%	NY, FL, CA
Costarricense	131,331	0.3%	CA, NY, FL
Chileno	122,986	0.3%	CA, FL, NY
Boliviano	104,044	0.2%	DC, MD, VA
Uruguayo	56,054	0.1%	NY, NJ, DC, FL
Paraguayo	18,179	0.0%	NY, FL, CA
Población Latina Total en EE.UU.	48,348,144	100%	CA, TX, NY, IL, AZ, NJ

1 PEW Hispanic Center, "Statistical Portrait of Hispanics in the United States, 2009: Table 6. Detailed Hispanic Origin: 2009". http://pewhispanic.org/files/factsheets/hispanics2009/Table%206.pdf [Consultado 9 de septiembre, 2011]

Segundo apéndice: Patronas Marianas latinoamericanas

País	Patrona	Fecha de la Fiesta
Argentina	Nuestra Señora de Luján	8 de mayo
Bolivia	Nuestra Señora de Copacabana	5 de agosto
Brasil	Nuestra Señora de Aparecida	12 de octubre
Chile	Virgen del Carmen de Maipú	16 de julio
Colombia	Nuestra Señora de Chiquinquirá	9 de julio
Costa Rica	Nuestra Señora de los Ángeles	2 de agosto
Cuba	Virgen de la Caridad del Cobre	8 de septiembre
Ecuador	Nuestra Señora del Quinche	21 de noviembre
El Salvador	Nuestra Señora de la Paz	21 de noviembre
Guatemala	Nuestra Señora del Rosario	7 de octubre
Haití	Nuestra Señora del Perpetuo Socorro	27 de junio
Honduras	Virgen de Suyapa	3 de febrero
México	Nuestra Señora de Guadalupe	12 de diciembre
Nicaragua	Nuestra Señora de "El Viejo" o La Purísima Concepción de María	8 de diciembre
Panamá	Santa María de la Antigua	5 de agosto
Paraguay	Nuestra Señora de Caacupé	8 de diciembre
Perú	Nuestra Señora de la Evangelización	14 de mayo
Puerto Rico	Nuestra Señora de la Divina Providencia	19 de noviembre
República Dominicano	Nuestra Señora de Altagracia	21 de enero
Uruguay	Virgen de los Treinta y tres	Segundo domingo de noviembre
Venezuela	Nuestra Señora de Coromoto	8 de septiembre

Tercer apéndice: La Iglesia latinoamericana en cifras[2]

Ranking católico Mundial	Católicos	Población	Porcentaje católico	País	Diócesi
1	145,446,000	184,227,000	78.95%	Brasil	268
2	123,393,000	142,364,000	86.67%	México	90
4	64,621,000	285,538,000	22.63%	USA	194
7	38,406,000	44,508,000	86.29%	Colombia	75
10	34,480,000	38,631,000	89.25%	Argentina	69
12	28,160,000	32,079,000	87.78%	Perú	45
14	24,815,000	28,256,000	87.82%	Venezuela	38
18	11,749,000	13,112,000	89.60%	Ecuador	24
20	11,021,000	15,488,000	71.16%	Chile	27
22	10,304,000	13,453,000	76.59%	Guatemala	14
25	8,253,000	9,737,000	84.76%	Bolivia	18
26	8,039,000	9,344,000	86.03%	República Dominicana	12
29	6,743,000	10,316,000	65.36%	Haití	9
31	6,330,000	12,544,000	50.46%	Cuba	11
33	5,790,000	7,288,000	79.45%	Honduras	8
36	5,436,000	7,144,000	76.09%	El Salvador	9
38	5,239,000	5,722,000	91.56%	Paraguay	15
39	5,212,000	6,385,000	81.63%	Nicaragua	8
53	3,763,000	4,513,000	83.38%	Costa Rica	8
61	2,799,000	3,823,000	73.21%	Puerto Rico	5
64	2,315,000	3,176,000	72.89%	Uruguay	10
65	2,233,000	8,241,000	27.10%	Antillas[3]	21
69	1,799,000	2,107,000	85.38%	Panamá	8

2 Catholic-Hierarchy.org, Statistics by Country, http://www.catholic-hierarchy.org/country/sc1.html [Consultado 1ero de septiembre, 2011]

3 Incluye Las Bahamas, Barbados, Belice, Bermuda, Dominica, Guyana Francesa, Granada, Guadalupe, Guyana, Jamaica, Las Antillas Holandesas, Santa Lucía, San Vicente y las Granadinas, Surinam, Trinidad y Tobago, Islas Vírgenes Británicas

cerdotes cesanos	Sacerdotes religiosos	Total de sacerdotes	Diáconos Permanentes	Religiosos	Religiosas	Parroquias
,951	6,902	16,853	1,456	13,282	32,827	9,222
1,016	3,602	14,618	744	6,509	29,051	6,101
,207	14,699	44,906	14,362	21,698	71,250	19,081
,661	2,259	7,920	278	4,163	15,178	3,831
,557	2,071	5,648	626	3,385	9,070	2,642
,502	1,267	2,769	57	2,569	5.589	1,421
,493	1,064	2,557	138	1,628	3,775	1,256
,076	721	1,797	74	1,381	4,617	1,208
,177	1,155	2,332	685	1,984	5,086	931
430	641	1,071	7	1,040	2,645	448
482	631	1,113	83	1,130	2,563	583
424	454	878	363	605	1,723	569
400	291	691	4	682	1,789	296
180	119	299	60	152	650	290
203	214	417	1	243	779	182
469	238	707	4	344	1,491	418
333	766	1,099	112	1,011	2,127	374
296	123	419	27	219	1,028	252
549	212	761	3	327	948	307
369	365	734	418	469	1,158	327
203	256	459	76	382	1,089	226
287	337	624	81	518	1,055	465
199	197	396	64	270	447	186

Términos importantes

Acompañar: una manera de entender la pastoral que se hizo popular en América Latina entre el clero progresista durante el final de la década de los 70. Acompañar significa involucrarse tanto en ministerios pastorales como sociales e identificarse con la realidad del pueblo sin imponer soluciones, fórmulas o métodos desde arriba. Significa construir a la Iglesia desde abajo.

Aggiornamento: "poner al día" en italiano. Hace referencia al objetivo principal del Vaticano II, el Concilio Ecuménico que ocurrió en Roma de 1962-1965 y que introdujo cambios a la Iglesia dirigidos a presentar su enseñanza tradicional de manera que se entendiera en el mundo contemporáneo.

Acción Católica: movimiento laico católico fundado por los obispos en diferentes países de todo el mundo al final del siglo XIX y que duró hasta la mitad del siglo XX para promover la Doctrina Social de la Iglesia en la sociedad.

El catolicismo popular: expresión cultural de la fe de un pueblo, la cual incluye gran variedad de prácticas religiosas personales y comunitarias desde el santiguarse, hasta el ponerse medallas religiosas, tomar parte en procesiones religiosas, etc.

CELAM: abreviatura de Consejo Episcopal Latinoamericano. CELAM es la organización administrativa, localizada en Bogotá, Colombia, compuesta de obispos latinoamericanos elegidos y personal administrativo que coordina las estrategias pastorales de la Iglesia latinoamericana y organiza las conferencias generales de todos los obispos latinoamericanos. Esas conferencias generales han tenido lugar en Rio de Janeiro, Brasil (1955), Medellín, Colombia (1968), Puebla, México (1979), Santo Domingo, República Dominicana (1992) y Aparecida, Brasil (2007). Se puede participar en una conferencia general por elección o por nombramiento de la Santa Sede.

El compadrazgo y el comadrazgo: institución social muy difundida en el mundo católico y especialmente en América Latina según la cual los padrinos de un recién bautizado se convierten en parte de la familia extendida con los privilegios y obligaciones de la misma.

Las Comunidades Eclesiales de Base (CEBs): son pequeños grupos de laicos que leen y reflexionan sobre la Biblia a la luz de sus vidas cotidianas con el fin de vivir la fe cristiana y construir una sociedad más justa, trabajando juntos en proyectos comunes que luchan contra la injusticia y promueven el desarrollo social y religioso. Este movimiento ha sido especialmente fuerte en Brasil.

La concientización: el proceso de entender críticamente el propio entorno social, especialmente las estructuras ocultas de opresión, para poder liberarse de su influencia y control. Parte importante de la teoría educativa del educador brasileño Paolo Freire que influyó en la Teología de la Liberación y en la pastoral en América Latina durante la segunda mitad del siglo XX.

El Criollo: latinoamericano de descendencia europea.

Cursillo de Cristiandad: movimiento laico católico que comenzó en España en 1944 y que se ha extendido por todo el mundo con la misión de enseñar la fe católica y ofrecer espacios de apoyo mutuo para vivirla. Los miembros hacen un retiro de fin de semana llamado "un cursillo" o curso corto que se enfoca en los fundamentos del catolicismo y cuya vivencia continua a través de la participación en pequeñas reuniones semanales llamadas "ultreyas".

La Democracia Cristiana: partido político inspirado en la Doctrina Social de la Iglesia pero independiente de la jerarquía de la Iglesia que promueve un programa político de centro-derecha. Estos partidos surgieron, primero en Europa al final del siglo XIX y después se extendieron por el resto del mundo en la primera mitad del siglo XX. En América Latina la democracia cristiana ha sido especialmente efectiva y fuerte en Chile.

La Doctrina Social de la Iglesia: cuerpo de enseñanza propuesta por los papas y los obispos que aborda los asuntos sociales contemporáneos y está basado en principios bíblicos y en la ley natural. El primero de estos documentos fue la encíclica *Rerum novarum* del Papa León XIII (1891).

Los Encuentros: *cuatro* reuniones nacionales de los católicos hispano-estadounidenses patrocinadas por los obispos norteamericanos, llevadas a cabo entre 1972 y 2000, orientadas a enfrentar la situación pastoral de los hispanos en Estados Unidos. Los encuentros fueron una realidad después de un amplio proceso de consulta a nivel diocesano y regional en el cual participaron laicos, el clero y los obispos.

El Espiritismo: movimiento cuasi religioso y filosófico con orígenes en los escritos del francés Allan Kardec que, a través de sesiones espirituales para comunicarse con los fallecidos, consultas de las barajas Tarot y otras prácticas esotéricas "espirituales", ofrecía una religiosidad "científica" contra lo que consideraba un catolicismo retrogrado.

Estado de Seguridad Nacional: dictaduras militares que dominaron la escena política latinoamericana en la segunda mitad del siglo XX. En su búsqueda de proteger sus respectivos países del comunismo, atropellaron los derechos humanos y destruyeron sus respectivas economías nacionales.

La Iglesia particular: término que se refiere a una diócesis o grupo de diócesis dentro de una nación. Por ejemplo, la Arquidiócesis de Nueva York puede llamarse la iglesia particular de Nueva York; de acuerdo con esto, todas las diócesis de los Estados Unidos pueden llamarse la iglesia particular de los Estados Unidos. A veces la iglesia particular es llamada iglesia local.

La Inculturación: proceso de adaptar la fe a culturas no-cristianas usando un lenguaje y conceptos que las mismas entiendan.

El Mestizaje: *mezcla* de tradiciones hispanas, amerindias y africanas que creó una nueva identidad religiosa y cultural en América Latina. Una categoría importante en la Teología hispana de Estados Unidos.

El Mestizo: latinoamericano de descendencia mixta, ya sea de descendencia europea, amerindia, asiática o africana o una mezcla de algunas o todas de estas herencias.

La Misiología: rama de la Teología que estudia la evangelización de culturas no-cristianas y la manera de inculturar el Evangelio de manera que dichas culturas sean respetadas.

La *Nouvelle Théologie*: Literalmente "Nueva Teología" en francés. El movimiento teológico de la mitad del siglo XX que busco regresar a las fuentes de la tradición cristiana, especialmente la Biblia y los escritos de los Padres de la Iglesia del primer milenio cristiano. Se trata del movimiento que influyó en los documentos del Vaticano II a través de consultores teológicos o *periti.*

El Patronato Real: entendimiento entre la Santa Sede y los reyes de Castilla y de Portugal por el cual se les otorgó la supervisión y el control de la Iglesia en América Latina y sus otras colonias a cambio de la organización y del financiamiento de la evangelización del continente. Después de la independencia, los gobiernos nacionales o republicanos de América Latina ejercieron el patronato que había sido privilegio de la Corona. Para distinguirlo del patronato real se refiere a este como el patronato republicano o nacional.

La Santería: religión de los santos o divinidades africanas surgida en el Caribe y en otras partes de América Latina, fruto de la mezcla o sincretismo de las religiones africanas con el culto católico de los santos. Un creyente de la Santería es conocido como santero o santera. En Brasil esta forma de sincretismo es conocido como el candomblé y es especialmente fuerte en el norte del país, en el estado de Bahía, donde hay una numerosa población afro-brasileña.

Sociedad corporativa: manera de organizar la sociedad donde diferentes personas se agrupan en cuerpos sociales que tienen estatuto jurídico y reciben protección del gobierno. Esta era la manera en que la sociedad estaba organizada en América Latina durante la Colonia.

La Teología de la Liberación: forma de hacer teología nacida en América Latina en los años 60. Inspirada por el ejemplo y la enseñanza de Jesucristo y otros personajes bíblicos, busca erradicar situaciones de opresión a los pobres, así como denunciar dicha realidad. Su fundador fue el sacerdote peruano Gustavo Gutiérrez. Algunas formas de la Teología de la Liberación han empleado ideas marxistas que no son compatibles con la doctrina católica, ideas condenadas por la Santa Sede en 1984.

La Teología Pastoral: rama de la Teología que se preocupa de la vida cristiana y sus prácticas.

Recursos para seguir aprendiendo

Documentos del Magisterio:

- Los documentos finales de las conferencias generales de los obispos latinoamericanos:

  ■ Medellín (1968) http://www.celam.org/conferencia_medellin.php [Consultado el 12 de septiembre, 2011]

  ■ Puebla (1979) http://www.celam.org/conferencia_puebla.php [Consultado el 12 de septiembre, 2011]

  ■ Santo Domingo (1992) http://www.celam.org/conferencia_domingo.php [Consultado el 12 de septiembre, 2011]

  ■ Aparecida (2007) http://www.celam.org/aparecida/Espanol.pdf [Consultado el 22 de septiembre, 2011]

- Beato Juan Pablo II, *Ecclesia in America* (1999) http://www.vatican.va/holy_father/john_paul_ii/apost_exhortations/documents/hf_jp-ii_exh_22011999_ecclesia-in-america_sp.html [Consultado el 22 de septiembre, 2011]

Páginas Web:

- Consejo Episcopal Latinoamericano (CELAM) http://www.celam.org/ [Consultado el 12 de septiembre, 2011]
- The Hierarchy of the Catholic Church: Current and historical information about its bishops and dioceses http://www.catholic-hierarchy.org/ [Consultado el 12 de septiembre, 2011]
- Amerindia, una red de católicos progresivos de las Américas

  http://www.amerindiaenlared.org/home/ini/ [Consultado el 12 de septiembre, 2011]
- ACI Prensa, un servicio de noticias ubicado en Lima, Perú de orientación centro-derecha http://www.aciprensa.com/ [Consultado el 12 de septiembre, 2011]

Libros:

- La Comisión de Estudios de la Historia de la Iglesia en Latinoamérica (CEHILA) ha publicado varios volúmenes de la historia de la Iglesia en América Latina. El editor general es Enrique Dussel y la serie ha sido publicada por la editorial Sígueme de Salamanca, España. El primer volumen salió en 1981.
- Ignacio Ellacuría, S.J. y Jon Sobrino, S.J., eds. *Mysterium Liberationis: Conceptos fundamentales de la Teología de la Liberación,* 2 volúmenes, San Salvador, El Salvador: UCA, 1990.
- Jeffrey Klaiber, S.J. *Iglesia, dictaduras y democracia en América Latina.* Lima, Perú: Fondo Editorial de la Pontificia Universidad Católica del Perú, 1997.

Revistas:

- *IHU-On line*, revista semanal *on line* de eventos actuales y temas teológicos, publicada por la universidad jesuita Universidade do Vale do Rio dos Sinos (Unisinos) of São Leopoldo, RS, Brazil

  http://www.ihuon line.unisinos.br/index.php [Consultado el 12 de septiembre, 2011]

- *Mirada Global.com*, una revista *on line* latinoamericana que ofrece un resumen de artículos de publicaciones jesuitas de América Latina, Europa y Norteamérica.

  http://www.miradaglobal.com/index.php?option=com_content&view=category&layout=blog&id=58&Itemid=100002&lang=es [Consultado el 22 de septiembre, 2011]

- *Revista On line San Pablo*, revista *on line* de eventos eclesiales contemporáneos y recursos pastorales, publicada por la Sociedad de San Pablo en Buenos Aires

  http://www.san-pablo.com.ar/rol/ [Consultado el 12 de septiembre, 2011]

- *Vida Nueva Colombia*, publicación impresa con presencia *on line* de la editorial PPC de España, propiedad de la Pontificia Universidad de Salamanca y de la Compañía de María (Marianistas). La actual edición latinoamericana es publicada en Bogotá, pero otras ediciones regionales se esperan en el 2012 desde México D.F. y Buenos Aires. http://www.vidanueva.co/ [Consultado el 12 de septiembre, 2011]